普通高等教育"十四五"规划教材
21世纪职业教育规划教材·电子商务系列

跨境电子商务实务

赵春燕 肖坤梅 ◎主编

内容介绍

本书内容源于企业真实操作情境,具有岗位针对性、内容流程化、任务驱动式三大特色。本书根据跨境电子商务相关岗位的工作要求,以培养学生跨境电子商务相关岗位的业务能力为核心,以苏州某信息科技有限公司的婚纱礼服跨境电子商务真实流程为写作主线,围绕开店准备、平台开店、店铺营销、客户服务、数据分析、跨境物流、跨境支付、平台介绍等八大环节进行分解讲述,以案例导入、任务驱动的方式全面介绍跨境电子商务的操作技能与相关的知识要点,在学生面前展现真实的、完整的、系统的婚纱礼服跨境电商流程。

本书可以作为高等职业院校跨境电子商务专业及国际贸易、电子商务等相关专业的教材,也可以作为从事跨境电子商务相关岗位的工作人员的参考用书。

图书在版编目(CIP)数据

跨境电子商务实务/赵春燕,肖坤梅主编. --北京:北京大学出版社,2024.9
21世纪职业教育规划教材·电子商务系列
ISBN 978-7-301-34766-9

Ⅰ.①跨… Ⅱ.①赵…②肖… Ⅲ.①电子商务 – 高等职业教育 – 教材 Ⅳ.①F713.36

中国国家版本馆CIP数据核字(2024)第015153号

书　　　名	跨境电子商务实务 KUAJING DIANZI SHANGWU SHIWU
著作责任者	赵春燕　肖坤梅　主　编
策 划 编 辑	桂　春
责 任 编 辑	胡　媚
标 准 书 号	ISBN 978-7-301-34766-9
出 版 发 行	北京大学出版社
地　　　址	北京市海淀区成府路205号　100871
网　　　址	http://www.pup.cn　新浪微博:@北京大学出版社
电 子 邮 箱	编辑部 zyjy@pup.cn　总编室 zpup@pup.cn
电　　　话	邮购部 010-62752015　发行部 010-62750672　编辑部 010-62704142
印 刷 者	北京溢漾印刷有限公司
经 销 者	新华书店
	787毫米×1092毫米　16开本　16印张　440千字 2024年9月第1版　2024年9月第1次印刷
定　　　价	49.00元

未经许可,不得以任何方式复制或抄袭本书之部分或全部内容。
版权所有,侵权必究
举报电话: 010-62752024　电子邮箱: fd@pup.cn
图书如有印装质量问题,请与出版部联系,电话: 010-62756370

前　　言

自"跨境电子商务"（以下简称跨境电商）一词首次出现在 2014 年的《政府工作报告》中，我国跨境电商规模实现了快速增长。党的二十大报告提出："我们实行更加积极主动的开放战略，构建面向全球的高标准自由贸易区网络，加快推进自由贸易试验区、海南自由贸易港建设，共建'一带一路'成为深受欢迎的国际公共产品和国际合作平台。"与传统外贸的疲软形成对比，跨境电商正逐步成为推动外贸增长的一剂强心针。而"一带一路"共建国家正成为我国越来越重要的贸易伙伴。

本书根据跨境电商相关岗位的工作要求，以培养学生跨境电商相关岗位的业务能力为核心，以苏州某信息科技有限公司的婚纱礼服跨境电商真实流程为写作主线，围绕开店准备、平台开店、店铺营销、客户服务、数据分析、跨境物流、跨境支付、平台介绍等八大环节进行分解讲述，以案例导入、任务驱动的方式全面介绍跨境电商的操作技能与相关的知识要点，在学生面前展现真实的、完整的、系统的婚纱礼服跨境电商流程。本书特色如下：

1. 岗位针对性

本书通过专业市场调研和职业岗位任职要求分析，确定跨境电商专业毕业生的主要就业岗位，根据职业岗位能力培养需求，以苏州某信息科技有限公司的婚纱礼服跨境电商真实流程为写作主线。除此之外，苏州某信息科技有限公司跨境电商各个岗位的主管也参与了本书的编写，他们的加入，进一步确保了工作岗位内容编写的准确性。

2. 内容流程化

本书围绕开店准备、平台开店、店铺营销、客户服务、数据分析、跨境物流、跨境支付、平台介绍等八大环节进行分解讲述，充分体现了教材内容流程化、项目化的风格，使学生能在真实的跨境电商情境中学习。

3. 任务驱动式

本书以婚纱礼服跨境电商为例，按照工作过程所需的职业能力构建项目，并在每个项目中设置了多个任务，并将岗位职业能力所需的知识要求和技能要求蕴含在每一个工作任务中，目的是让学生掌握跨境电商的流程，培养其店铺推广、客户服务、数据分析、跨境支付等能力，使学生具备从事跨境电商相应岗位的能力。

4. 新形态一体化

本书内容呈现形式新颖，全力打造跨境电商新形态一体化教材。教材采用"任务导入"提出要解决的问题，针对问题以"任务流程"的方式告诉学生可以通过哪些操作来解决问题，在流程结束后对任务相关知识点进行解读。同时，通过二维码等形式让学生在线观看真实的流程操作视频。

本书由苏州工业职业技术学院赵春燕教授(负责全书总体框架设计及提纲编写,以及项目一和项目八的撰写)、肖坤梅副教授(负责对参编人员提交的初稿进行适当修改,以及项目三和项目四的撰写)担任主编,李颖华副教授(负责项目六和项目七的撰写)担任副主编,凌彩金(负责项目二的撰写)和胡姝(负责项目五的撰写)参与编写。同时,苏州贝宝信息科技有限公司跨境电商平台负责人赵志恒、史素萍、陆进学、赵蓉、王月为本书提供了丰富的企业实战案例。

本书可以作为高等职业院校跨境电商、国际贸易、电子商务等相关专业的教材,也可以作为从事跨境电商相关岗位的工作人员的参考用书。

编者

2024 年 6 月

目 录

项目一 开店准备 ·· (1)
  任务一 认识跨境电子商务 ·· (3)
  任务二 平台规则 ·· (11)
  任务三 选品与定价 ·· (22)

项目二 平台开店 ·· (35)
  任务一 开通店铺 ·· (36)
  任务二 装修店铺 ·· (54)
  任务三 详情页设计 ·· (81)

项目三 店铺营销 ·· (97)
  任务一 店铺站内营销推广 ·· (98)
  任务二 店铺站外营销推广 ·· (114)
  任务三 店铺自主营销 ·· (123)

项目四 客户服务 ·· (135)
  任务一 认识跨境电商客服工作 ·· (137)
  任务二 跨境电商客服沟通与服务技巧 ·· (140)

项目五 数据分析 ·· (145)
  任务一 认识跨境电商数据分析 ·· (146)
  任务二 "生意参谋"的应用 ·· (152)
  任务三 直通车数据分析 ·· (170)

项目六 跨境物流 ·· (177)
  任务一 认识跨境物流 ·· (178)
  任务二 全球速卖通平台发货 ·· (188)

项目七 跨境支付 ·· (205)
  任务一 认识跨境支付 ·· (206)
  任务二 全球速卖通跨境电商支付 ··· (212)

项目八 平台介绍 ·· (221)
  任务一 敦煌网平台 ··· (222)
  任务二 亚马逊平台 ··· (231)

参考文献 ··· (247)

扫码了解
本项目微课视频

项目一 开店准备

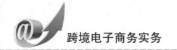

知识目标

了解全球速卖通平台的基本规则;
了解进出口跨境电子商务的模式;
了解全球主要的跨境电子商务平台;
掌握跨境电子商务的概念、特征、流程。

技能目标

会分析跨境电子商务行业市场发展的趋势;
会分析跨境电子商务进口与跨境电子商务出口的特征;
会分析跨境电子商务卖家与跨境电子商务买家的心理;
掌握跨境电子商务选品的方法;
掌握跨境电子商务商品定价的方法。

项目导入

苏州某信息科技有限公司(官网首页如图1-1所示)主要从事跨境电子商务业务,致力国际一流婚纱礼服及婚纱配饰的设计、生产与销售。公司品牌Babyonlinedress已经在中国及美国完成商标注册,拥有极高的知名度和良好的声誉。产品远销200多个国家和地区,并与全球众多渠道商建立了长期良好的合作关系。

图1-1 苏州某信息科技有限公司官网首页

任务一　认识跨境电子商务

任务导入

2024年5月，网经社电子商务研究中心发布的《2023年度中国电子商务市场数据报告》中统计数据显示，中国2023年跨境电子商务市场规模达16.85万亿元，同比增长7.32%。随着跨境电子商务贸易机制的逐步完善、国际物流网络的持续疏通，跨境电子商务渠道加快拓宽，越来越多的市场主体正通过这一渠道实现"买全球、卖全球"。

苏绣（化名）是苏州某信息科技有限公司的负责人。近年外贸出口遇到瓶颈，企业营收逐年下降，利润越来越薄。同时，在"一带一路"倡议发展的大背景下，跨境电子商务迎来了发展机遇，在广东、浙江、福建等物流业发展比较成熟的沿海地区已经率先形成规模。在此背景下，苏绣决定改变企业发展策略，转型跨境电子商务，并安排相关人员做好转型跨境电子商务的相关准备工作。

任务流程

第一步：了解跨境电子商务政策

2018年8月31日第十三届全国人民代表大会常务委员会第五次会议通过的《中华人民共和国电子商务法》（以下简称《电子商务法》）规定：电子商务经营者从事跨境电子商务，应当遵守进出口监督管理的法律、行政法规和国家有关规定。因此，苏绣的团队必须及时了解进出口国跨境电子商务相关法律法规和有关规定。

第二步：选择跨境电子商务运营方式

苏绣的团队根据企业主营婚纱的特点及婚纱的目标客户群，选择的运营方式为第三方平台方式。目前具有代表性的跨境电子商务第三方平台有天猫国际、阿里巴巴国际站、全球速卖通、eBay、亚马逊、京东全球购、敦煌网、Shopee等。苏绣的团队选择的第三方平台主要有全球速卖通、亚马逊、eBay、敦煌网。

第三步：跨境电子商务人才储备

跨境电子商务与传统电子商务相比，对人才的复合型能力要求更高，苏绣的团队需要通过多种渠道储备一批懂电子商务、懂外贸、懂外语、懂数据、懂物流、懂法律等多领域融合的复合型人才。

第四步：消费者需求调研

出口跨境电子商务面对的是国外消费者，了解这些消费者的消费心理、消费习惯、消费取向对于中国卖家打开海外市场至关重要。因此，苏绣的团队必须对中国跨境电子商务主

要出口市场如北美、南美、欧洲、东南亚、非洲等地区的买家特点与习惯、市场状况等进行调研。

第五步：跨境电子商务商品定位

跨境电子商务成功的关键在于找出适销对路的商品。企业可以通过数据分析等方法对商品的品类、价格、目标市场进行分析，从而找出适销对路的商品。同时，企业可以通过细分目标客户、商品创新、商业模式创新、价值创新四个角度来确定商品品牌的定位。苏绣的团队通过数据分析等方法不断拓展销售婚纱的品类，并成功打造了备受赞誉的公司品牌Babyonlinedress。

相关知识

一、跨境电子商务

（一）认识跨境电子商务

跨境电子商务简称跨境电商，是指分属不同关境的交易主体，通过电子商务平台达成交易，进行支付结算，并通过跨境物流送达商品完成交易的一种国际商业活动。

2018年9月28日，《财政部、税务总局、商务部、海关总署关于跨境电子商务综合试验区零售出口货物税收政策的通知》中规定，自2018年10月1日起，对跨境电子商务综合试验区电子商务出口企业出口未取得有效进货凭证的货物且符合一定条件的，试行增值税、消费税免税政策。2018年11月21日，李克强总理主持召开国务院常务会议，决定延续和完善跨境电子商务零售进口政策并扩大适用范围，扩大开放更大激发消费潜力；部署推进物流枢纽布局建设，促进提高国民经济运行质量和效率。按照党中央、国务院决策部署，自2019年1月1日起，调整跨境电子商务零售进口税收政策，提高享受税收优惠政策的商品限额上限，扩大清单范围。

（二）跨境电子商务的特征

跨境电子商务是基于网络发展起来的，网络空间相对于物理空间而言，是一个新空间，是一个由网址和密码组成的虚拟但客观存在的世界。网络空间独特的价值标准和行为模式深刻地影响着跨境电子商务，使其不同于传统的交易方式而呈现出自己的特点。跨境电子商务具有如下特点。

1. 交易的无形性

在跨境电子商务交易模式下，消费者与商家之间的交易往往不直接涉及实体货物的即时交换，而是通过数字信息、电子支付和物流服务间接完成。这种交易模式下，商品信息、订单详情、支付凭证等均以电子形式存在，使得整个交易过程呈现出高度的无形性。跨境电子商务的无形性不仅提高了交易效率，还促进了全球经济的深度融合与发展。

2. 交易的匿名性

在跨境电子商务中，用户的身份和所处的地理位置都可以被隐藏，用户都是以虚拟的形象和名字在进行交易活动。这样有助于保护用户隐私，提高交易安全性，但卖家可能会遭遇恶意退货、恶意差评等。

3. 交易的全球性

跨境电子商务打破了传统交易模式中地域和时间的限制,能够在全球范围内进行商品交易,不断提高各类交易活动的便利性。

4. 交易的即时性

在跨境电子商务中,信息的发布与接收具有即时性,交易也具有即时性。

跨境电子商务作为推动经济一体化、贸易全球化的交易模式,具有非常重要的战略意义。跨境电子商务不仅冲破了国家间的障碍,使国际贸易走向无国界贸易,同时它也正在引起世界经济贸易的变革。对企业来说,跨境电子商务构建的开放、多维、立体的多边经贸合作模式,极大地拓宽了企业进入国际市场的路径,大大促进了多边资源的优化配置与企业间的互利共赢;对于消费者来说,跨境电子商务使他们能够非常容易地获取其他国家的商品信息并购买到物美价廉的商品。

(三) 跨境电子商务的流程

跨境电子商务的出口流程如下:(1)生产准备:生产厂家或制造商根据市场需求组织生产,确保产品质量符合出口标准。(2)产品上架:跨境电子商务卖家将生产好的产品通过跨境电子商务平台进行上架,展示给全球消费者,包括产品详情、图片和价格等信息。(3)消费者选购:消费者浏览平台,挑选心仪商品。(4)在线支付:消费者通过第三方支付平台完成在线支付,确保交易的安全性与便捷性。(5)物流配送:支付完成后,商品从仓库或生产厂家发出,通过境内物流公司进行初步运输至指定的物流商或仓库;物流商负责办理出口报关手续,提交相关单证,缴纳税费,并通过海关的查验与审批,完成通关流程;商品通过国际物流网络运往购买者所在国家,直至送达购买者手中。(6)售后服务:消费者收货后,跨境电子商务平台及卖家提供售后服务,处理退换货请求,收集消费者反馈。

跨境电子商务进口流程与出口流程的主体、环节相似,主要区别在于物流方向相反,且涉及不同的关税、税收政策、报关手续及市场准入要求。

二、跨境电子商务模式的分类

跨境电子商务模式有多种分类方法。按照商业方式来划分,跨境电子商务模式可以分为B2B、B2C和C2C。按照运营方式来划分,跨境电子商务模式可以分为独立站方式和第三方平台方式。按照货物进出口方向来划分,跨境电子商务模式可以分为进口跨境电子商务和出口跨境电子商务。

(一) 按商业方式分类

跨境电子商务模式按商业方式可分为B2B模式、B2C模式和C2C模式三种。在中国跨境电子商务市场中,B2B模式一直扮演着支柱型角色,处于优势地位。

1. B2B模式

B2B是Business to Business的缩写,一般电子商务中的B2B模式是指企业与企业之间开展电子商务活动的模式,也就是企业与企业之间通过互联网进行商品、服务及信息的交易。跨境电子商务中的B2B模式则是指,分属不同国家或地区的企业通过跨境电子商务平

台,对其他企业开展国际电子商务活动的模式。在跨境电子商务中,B2B模式的代表网站有阿里巴巴国际站、敦煌网、中国制造网、环球资源网等。

2. B2C模式

B2C是Business to Customer的缩写,一般电子商务中的B2C模式是指企业对个人开展电子商务活动的模式,包括企业通过互联网对个人消费者提供商品销售、服务咨询等。跨境电子商务中的B2C模式则是指,分属不同国家或地区的企业通过跨境电子商务平台,对个人消费者开展国际电子商务活动的模式。跨境电子商务中,B2C模式的代表网站有全球速卖通、兰亭集势、米兰网等。

3. C2C模式

C2C是Customer to Customer的缩写,一般电子商务中的C2C模式是指个人与个人之间开展电子商务活动的模式,电子商务平台主要作为第三方交易信息发布平台为买卖双方的个人用户提供服务。跨境电子商务中的C2C模式则是指,分属不同国家或地区的个人卖家通过跨境电子商务平台,对个人买家开展国际电子商务活动的模式。在跨境电子商务中,C2C模式的代表网站有淘宝全球购、京东国际、洋码头等。

(二)按运营方式分类

跨境电子商务按运营方式可分为独立站方式、第三方平台方式。

1. 独立站方式

独立站方式的优势:可以积累客户,做持续的重复营销;和客户实时沟通,获取商品的直接反馈,持续优化商品;不受制于第三方平台的规则变化,可以采取灵活的方式设计和宣传营销活动。独立站方式的弊端:有一定的门槛,需要有基本的建站和运营能力;没有免费的自然流量,需要自己搭建网站的引流渠道。

2. 第三方平台方式

第三方平台方式的优势是操作比较简单、平台内有大量现成的流量。第三方平台方式的弊端是竞争激烈,商品信息容易湮没在海量的同类别商品信息中,难以获得消费者的关注。

(三)按货物进出口方向分类

跨境电子商务按货物进出口方向可分为出口跨境电子商务模式和进口跨境电子商务模式两种,目前中国以出口跨境电子商务模式为主。

1. 出口跨境电子商务模式

出口跨境电子商务模式是国内生产厂商或企业通过跨境电子商务平台,将国内的商品卖给国际市场的买家的模式,是在互联网时代企业对外出口的一种新模式。自中国开展跨境电子商务业务以来,出口跨境电子商务就一直占据着主要地位。从政策方面来看,中国也一直坚持跨境电子商务发展以出口为主、进口为辅,继续加大力度促进传统外贸企业向出口跨境电子商务进行产业升级。

2. 进口跨境电子商务模式

进口跨境电子商务模式是指国内消费者或企业通过跨境电子商务平台购入海外商品,实现跨国商品和服务交易的模式。中国进口跨境电子商务处于快速发展的阶段,随着中国跨境电子商务行业开放程度的提高及中国消费者越来越接受在跨境电子商务平台上购物，这种发展趋势有望得以延续。

三、中国跨境电子商务发展现状及趋势

（一）中国跨境电子商务发展现状

近年来，作为中国对外贸易新业态的跨境电子商务得到政府的大力扶持，且由于国内制造业结构调整加速与居民消费需求升级，不仅跨境出口规模稳步增长，跨境进口规模同样不断扩大，行业市场规模持续增长。《2023年度中国电子商务市场数据报告》中显示：2023年中国跨境电子商务交易规模为16.85万亿元。其中，出口跨境电子商务市场规模达13.24万亿元，同比增长7.64%；进口跨境电子商务市场规模达3.61万亿元，同比增长6.17%。

受政策扶持、市场环境改善等诸多利好因素的影响，中国出口跨境电子商务交易规模持续增长。由于商品的性价比和交易的便利性，跨境贸易线下部分环节开始移至线上，传统外贸企业加速触网。在传统外贸转型升级的过程中，跨境电子商务扮演着重要的角色。随着云计算、大数据、人工智能等新兴数字技术广泛运用于跨境贸易服务、生产、物流和支付等环节，跨境电子商务行业效率大幅提升。

在面向消费者或小型零售商的出口跨境电子商务中，中小型卖家目前仍占据主导地位，市场集中度有待进一步提高。随着众多卖家涌入跨境电子商务平台，他们对平台的相关配套服务需求也在增加，专业服务能力成为未来跨境电子商务平台的核心竞争力。

（二）中国跨境电子商务发展趋势

1. 逐渐形成全球化、规范化发展趋势

在经济全球化背景下，中国跨境电子商务正呈现迅猛发展的态势，市场规模持续扩大，市场边界不断拓宽，成为全球贸易的重要驱动力，展现出全球化发展趋势。《电子商务法》的实施为中国跨境电子商务树立了法律标杆，使跨境电子商务朝着更加规范化的方向发展。以跨境代购为例，《电子商务法》不仅明确了代购者的市场主体登记、纳税义务及商品质量保障等要求，还加强了消费者权益保护，有效遏制了虚假宣传和非法经营行为。

2. 交易规模呈现快速增长态势

跨境电子商务已成为中国外贸发展的新动能、转型升级的新渠道和高质量发展的新抓手。2015年，中国设立首个跨境电子商务综合试验区。截至2022年年底，中国跨境电子商务综合试验区模式愈发成熟，跨境电子商务综合试验区已扩至165个，它们在跨境电子商务发展过程中发挥了重要的作用。2010年以来，中国跨境电子商务的交易规模几乎保持了每年20%以上的增速，初步估计到2026年交易规模将达到26万亿元左右。出口跨境电子商务在国家政策大力支持下快速崛起；随着消费升级的加快，进口跨境电子商务交易规模也呈现出爆发式增长。

3. 销售商品品类更加多元化

随着跨境电子商务的发展，跨境电子商务交易呈现新的特征：交易商品向多品类延伸。从销售商品品类来看，跨境电子商务企业销售的商品品类从服装服饰、3C电子产品及配件、

家居园艺用品、珠宝饰品、汽车配件等运输便捷的商品向家居家具、汽车等大型商品扩展。

4. 移动技术成为重要推动力

随着移动技术的飞速发展与普及,各种移动设备和跨境电子商务平台移动端如雨后春笋般涌现,让消费者能够随时随地享受全球优质商品。同时,各种移动端跨境电子商务平台还通过智能推荐、个性化服务等手段,提升了购物体验,进一步激发了跨境消费的热情。这一趋势不仅促进了跨境电子商务的快速增长,还加速了全球市场的互联互通,为跨境电子商务的发展增添了强劲动力。

5. 未来竞争愈加激烈,消费者更看重消费体验

跨境电子商务作为新零售全球化时代的风口行业,近年来不仅吸引了消费者与资本市场的广泛关注,也促使越来越多的竞争者涌入这一领域。同时,消费者对于商品质量及消费体验的重视程度日益提升。跨境电子商务企业需要在商品质量、物流配送、售后服务等多个环节上下功夫,以提供更加便捷、高效、贴心的服务,满足消费者日益增长的个性化需求。

四、跨境电子商务政策

(一)电子商务领域首部综合性法律

2018年8月31日,第十三届全国人民代表大会常务委员会第五次会议表决通过了《电子商务法》,该法自2019年1月1日起施行。

【政策概述】《电子商务法》是中国电子商务领域首部综合性法律,是政府调整企业和个人以数据电文为交易手段、通过信息网络所产生的、因交易形式所引起的各种商事交易关系,以及与这种商事交易关系密切相关的社会关系、政府管理关系的法律规范的总称。其中,《电子商务法》第二十六条规定:电子商务经营者从事跨境电子商务,应当遵守进出口监督管理的法律、行政法规和国家有关规定。这将跨境电子商务经营者纳入该法管辖范围,也规定了其受该法约束的同时,还应当遵守其他法律法规及规定。

《电子商务法》规定电子商务经营者须持营业执照。这也就意味着,一般经营规模较大、频率较高的职业代购,都应登记为市场主体,取得相关许可,并且需要依法缴纳个人所得税、增值税等税款。

(二)跨境电子商务综合试验区政策

2015年3月7日,国务院批准设立中国(杭州)跨境电子商务综合试验区。2015—2022年,国务院共先后发布了七批全国跨境电子商务综合试验区名单。

【政策概述】跨境电子商务综合试验区是由国务院批准设立的跨境电子商务贸易试验区域,是指划出部分城市区域并在所划区域内对跨越中国内地的电子商务贸易活动采用特定的管理模式、给予特殊的政策优惠,以实现更为便利化的跨境电子商务活动。各地的跨境电子商务综合试验区以城市名命名为"中国(城市名)跨境电子商务综合试验区"。

跨境电子商务综合试验区要构建起以"六体系两平台"为核心的制度框架:"六体系两平台"旨在通过海关、国检、税务、外汇管理等部门的数据交换,形成信息互换、监管互认、执法互助的政府管理模式,从而实现通关一体化等诸多贸易便利;通过电子商务平台、物流企业、银行等的数据交换,实现金融服务、物流服务方面的更多便利,降低电子商务企业的融

资、汇兑困难和物流运输成本。

（三）跨境电子商务税收政策

1. 2018年9月30日，国务院关税税则委员会发布《国务院关税税则委员会关于降低部分商品进口关税的公告》

【政策概述】2018年11月1日起，降低1585个税目的进口关税，主要涉及人民生产和生活所需的众多工业品，包括机电设备、零部件及原材料等，平均税率由10.5%降至7.8%，平均降幅约26%。至此，关税总水平从9.8%降至7.5%。

2. 2018年9月28日，财政部等四部门发布《财政部、税务总局、商务部、海关总署关于跨境电子商务综合试验区零售出口货物税收政策的通知》

【政策概述】对综合试验区电子商务出口企业出口未取得有效进货凭证的货物，同时符合相关条件的，试行增值税、消费税免税政策。具体需符合如下条件：电子商务出口企业在综合试验区注册，并在注册地跨境电子商务线上综合服务平台登记出口日期、货物名称、计量单位、数量、单价、金额；出口货物通过综合试验区所在地海关办理电子商务出口申报手续；出口货物不属于财政部和税务总局根据国务院决定明确取消出口退（免）税的货物。

3. 2018年11月29日，财政部等三部委发布《财政部、海关总署、国家税务总局关于完善跨境电子商务零售进口税收政策的通知》

【政策概述】2019年1月1日起，跨境电子商务零售进口政策进行了调整：将跨境电子商务零售进口商品的单次交易限值由人民币2000元提高至5000元，年度交易限值由人民币20000元提高至26000元。

（四）跨境电子商务支付政策

2018年11月8日，海关总署发布《关于实时获取跨境电子商务平台企业支付相关原始数据有关事宜的公告》

【政策概述】参与跨境电子商务零售进口业务的跨境电子商务平台企业应当向海关开放支付相关原始数据，供海关验核。上述开放数据包括订单号、商品名称、交易金额、币制、收款人相关信息、商品展示链接地址、支付交易流水号、验核机构、交易成功时间以及海关认为必要的其他数据。

（五）跨境电子商务物流政策

1. 2018年11月8日，海关总署发布《关于启用进出境邮递物品信息化管理系统有关事宜的公告》

【政策概述】为进一步严密进出境邮件监管，提高邮件通关效率，海关总署决定自2018年11月30日起在全国海关推广使用进出境邮递物品信息化管理系统。海关总署与中国邮政集团公司实现进出境邮件全国联网传输数据；邮政企业办理邮件总包的进境、出境、转关手续，应当向海关传输总包路单等相关电子数据。

2. 2019年2月23日，《国家邮政局、商务部、海关总署关于促进跨境电子商务寄递服务高质量发展的若干意见（暂行）》

【政策概述】依据公告，多部门将深化放、管、服改革，包括支持寄递服务企业主体多元化、支持外资企业依法进入市场、支持建立跨境寄递服务企业信用体系等。除此之外，多部门还鼓励跨境寄递服务企业加快创新跨境寄递服务模式、完善跨境寄递服务体系及建立数据交换机制。

（六）跨境电子商务零售进出口政策

1. 2018年11月28日，商务部、发展改革委、财政部等《关于完善跨境电子商务零售进口监管有关工作的通知》

【政策概述】界定了跨境电子商务零售进口的概念：跨境电子商务零售进口是指中国境内消费者通过跨境电子商务第三方平台经营者自境外购买商品，并通过"网购保税进口"（海关监管方式代码1210）或"直购进口"（海关监管方式代码9610）运递进境的消费行为。跨境电子商务零售进口参与主体有跨境电子商务零售进口经营者、跨境电子商务第三方平台经营者、境内服务商、消费者。对跨境电子商务零售进口商品按个人自用进境物品监管，不执行有关商品首次进口许可批件、注册或备案要求。但对相关部门明令暂停进口的疫区商品，和对出现重大质量安全风险的商品启动风险应急处置时除外。按照政府部门、跨境电子商务企业、跨境电子商务平台、境内服务商、消费者各负其责的原则，明确各方责任，实施有效监管。

2. 2018年12月10日，海关总署发布《关于跨境电子商务零售进出口商品有关监管事宜的公告》

【政策概述】跨境电子商务企业、消费者（订购人）通过跨境电子商务交易平台实现零售进出口商品交易，并根据海关要求传输相关交易电子数据的，按照该公告接受海关监管。跨境电子商务平台企业、物流企业、支付企业等参与跨境电子商务零售进口业务的企业，应当依据海关报关单位注册登记管理相关规定，向所在地海关办理注册登记；境外跨境电子商务企业应委托境内代理人向该代理人所在地海关办理注册登记。

3. 2020年3月28日，海关总署发布《关于跨境电子商务零售进口商品退货有关监管事宜的公告》

【政策概述】在跨境电子商务零售进口模式下，跨境电子商务企业境内代理人或其委托的报关企业可向海关申请开展退货业务。退货企业可以对原《中华人民共和国海关跨境电子商务零售进口申报清单》内全部或部分商品申请退货。

4. 2021年3月18日，商务部、发展改革委、财政部等《关于扩大跨境电商零售进口试点、严格落实监管要求的通知》

【政策概述】将跨境电商零售进口试点扩大至所有自贸试验区、跨境电子商务综合试验区、综合保税区、进口贸易促进创新示范区、保税物流中心（B型）所在城市（及区域）。各试点城市（区域）应切实承担本地区跨境电商零售进口政策试点工作的主体责任，严格落实监管要求规定，全面加强质量安全风险防控，及时查处在海关特殊监管区域外开展"网购保税＋线下自提"、二次销售等违规行为，确保试点工作顺利推进，共同促进行业规范健康持续发展。

在外需疲软，外贸形势遇到新挑战的情况下，跨境电子商务等新业态正在成为外贸发展的新动能。2020年11月15日，《区域全面经济伙伴关系协定》（RCEP）正式签署，该协定的签署标志着世界上人口数量最多、成员结构最多元、发展潜力最大的东亚自贸区建设成功启动。RCEP已为促进全球自由贸易和多边贸易体制发展发挥了积极作用。截至2023年6

月2日,RCEP对菲律宾正式生效,标志着RCEP对东盟10国和中国、日本、韩国、澳大利亚、新西兰等15个签署国全面生效。

实训项目

1. 调查本地的跨境电子商务的发展情况,尤其是本地跨境电子商务企业出口的"拳头"商品销售情况。思考本地跨境电子商务发展存在哪些问题。
2. 通过网络平台调查全球各地区消费者的购物习惯、购物喜好。

任务二 平台规则

任务导入

2018年,小猪佩奇卡通形象侵权案引起媒体的高度关注。《小猪佩奇》(Peppa Pig)是一部英国学前电视动画片,也是历年来深受大众喜爱的学前儿童品牌。娱乐壹英国有限公司和艾斯利贝克戴维斯有限公司是Peppa Pig的商标所有者。

厦门A电子商务有限公司在浙江天猫网络有限公司开设店铺,店铺销售的商品上有Peppa Pig标识。根据《中华人民共和国商标法》的规定,下面行为属于侵犯注册商标专用权:未经商标注册人的许可,在同一种商品上使用与其注册商标近似的商标,或者在类似商品上使用与其注册商标相同或者近似的商标,容易导致混淆的。

2019年2月14日,杭州市余杭区人民法院就厦门A电子商务有限公司侵权案件作出判决:被告厦门A电子商务有限公司于本判决生效之日起10日内赔偿原告娱乐壹英国有限公司、艾斯利贝克戴维斯有限公司经济损失(含合理费用)700000元。

苏绣的团队在调研过程中发现:跨境电子商务相关的侵权案例很多,主要涉及商标侵权、专利侵权和版权侵权。所售商品侵权并被投诉会导致企业的账号被封,账号中的资金也会被冻结。那么,企业应该如何避免所售商品侵权问题的发生呢?

任务流程

第一步:了解平台注册规则

选定全球速卖通平台后,平台运营人员进入"阿里巴巴全球速卖通"微信公众号了解相关规则。

第二步:了解平台知识产权规则

平台运营人员要增强知识产权意识,在全球速卖通发布产品时应当严格遵守平台规则。如果是自有产品,产品要有创新,产品的详情页及相关图片应是原创的;如果是代理产品,代理产品的相关信息及图片在上传到店铺之前,必须进行有效的产品检索和分析,确定没有侵权才能上传店铺进行售卖。

第三步：了解平台交易规则

了解平台商品发布规则、搜索排序规则、订单超时规则、放款规则、物流规则、保护政策、售后宝服务规则等。

相关知识

一、全球速卖通平台注册规则

（一）注册

（1）卖家在全球速卖通所使用的邮箱不得包含违反国家法律法规、涉嫌侵犯他人权利或干扰全球速卖通运营秩序的相关信息，否则全球速卖通有权要求卖家更换相关信息。

（2）卖家在全球速卖通注册使用的邮箱、联系信息等必须是卖家授权代表本人的，全球速卖通有权对该邮箱进行验证，否则全球速卖通有权拒绝提供服务。

（3）卖家有义务妥善保管账号的访问权限。账号下（包括但不限于卖家在账号下开设的子账号）所有的操作及经营活动均视为卖家的行为。

（4）全球速卖通有权终止、收回未通过身份认证或一年连续有180天未登录全球速卖通或阿里旺旺的账号。

（5）用户在全球速卖通的账号如果因严重违规被关闭，那么不得再重新注册账号；如果该用户被发现重新注册了账号，那么全球速卖通有权立即停止服务、关闭新账号。

（6）全球速卖通的会员ID在账号注册后由系统自动分配，不可修改。

（二）认证、准入及开通店铺

（1）全球速卖通接受合法注册并正常存续的公司开店，并有权对该公司的主体状态进行核查、认证，包括但不限于委托支付宝进行实名认证。选择通过支付宝进行实名认证的公司，在将全球速卖通账号与支付宝账号进行绑定的过程中，应提供真实有效的法定代表人姓名、身份信息、联系地址、注册地址、营业执照等信息。

（2）卖家需选择店铺类型及相关要求，全球速卖通有三种店铺类型：官方店、专卖店和专营店。具体如表1-1所示。

表1-1　全球速卖通店铺类型比较

店铺类型	官方店	专卖店	专营店
店铺类型介绍	商家以自有品牌或由权利人独占性授权（仅商标为R标且非中文商标）入驻全球速卖通开设的店铺	商家以自有品牌（商标为R或TM标且非中文商标），或者持他人品牌授权文件在全球速卖通开设的店铺	经营一个及以上他人或自有品牌（商标为R或TM标）商品的店铺
单店铺可申请品牌数量	仅一个		可多个

续表

店铺类型	官方店	专卖店	专营店
平台允许的店铺数	同一品牌（商标）仅一个	同一品牌（商标）可多个	同一品牌（商标）可多个
需提供的材料	（1）商标权人直接开设官方店，需提供国家知识产权局商标局颁发的商标注册证（仅R标） （2）权利人授权开设的官方店，需提供国家商标总局颁发的商标注册证（仅R标）与商标权人出具的独占授权书（如果商标权人为境内自然人，则需同时提供有其亲笔签名的身份证复印件。如果商标权人为境外自然人，则可提供有其亲笔签名的护照/驾驶证复印件） （3）经营多个自有品牌商品且品牌归属同一个实际控制人的，需提供多个品牌国家知识产权局商标局颁发的商标注册证（仅R标） （4）卖场型官方店，需提供国家知识产权局商标局颁发的35类商标注册证（仅R标）与商标权人出具的独占授权书（仅限全球速卖通邀请）	（1）商标权人直接开设的品牌店，需提供国家知识产权局商标局颁发的商标注册证（R标）或商标注册申请受理通知书（TM标） （2）持他人品牌开设的品牌店，需提供商标权人出具的品牌授权书（若商标权人为自然人，则需同时提供有其亲笔签名的身份证复印件；如果商标权人为境外自然人，则可提供有其亲笔签名的护照/驾驶证复印件）	需提供由国家知识产权局商标局颁发的商标注册证（R标）或商标注册申请受理通知书（TM标）或以商标权人为源头的完整授权或合法进货凭证（各类目对授权的级数要求，具体见品牌招商准入资料要求）
店铺名称	品牌名＋official store（官方店）（默认店铺名称）或品牌名＋自定义内容＋official store	品牌名＋自定义内容＋store（店）	自定义内容＋store

（3）卖家承诺并保证账号注册及认证为同一主体，认证主体即为全球速卖通账号的权责承担主体。卖家如果使用阿里巴巴集团下其他平台账号（包括但不限于淘宝账号、天猫账号、1688账号等）申请开通类目服务，那么卖家须承诺并保证在全球速卖通认证的主体与该账号在阿里巴巴集团下其他平台的认证主体一致，否则平台有权立即停止服务、关闭全球速卖通账号；同时，卖家如果使用全球速卖通账号申请注册或开通阿里巴巴集团下其他平台账号，那么须承诺并保证将使用同一主体在相关平台进行认证或登记，否则平台有权立即停止服务、关闭全球速卖通账号。

（4）完成认证的卖家不得在全球速卖通注册或使用买家账号，如果全球速卖通有合理依据怀疑卖家以任何方式在全球速卖通注册买家账号，那么全球速卖通有权立即关闭该买家账号，且对其卖家账号进行市场管理；情节严重的，全球速卖通有权立即停止对卖家的服务。

（5）卖家不得以任何方式交易全球速卖通账号（或其他卖家的权利义务），包括但不限于转让、出租或出借账号。若有相关行为的，卖家应对该账号下的行为承担连带责任，且全球速卖通有权立即停止服务、关闭该全球速卖通账号。

（6）完成认证、入驻的卖家主动退出全球速卖通平台、不再经营的，平台将停止卖家账号下的类目服务权限（包括但不限于收回站内信、已完结订单留言功能及店铺首页功能等）、停止店铺访问支持。若卖家在平台停止经营超过1年的（无论账号是否使用），平台有权关闭该账号。

(7) 全球速卖通店铺名和二级域名需要遵守全球速卖通的命名规范,不得包含违反国家法律法规、涉嫌侵犯他人权利或干扰全球速卖通运营秩序等相关信息,否则全球速卖通有权拒绝卖家使用相关店铺名和二级域名,或经发现后取消店铺名和二级域名。

二、全球速卖通平台商品发布规则

(1) 若已通过认证,根据系统流程完成类目招商准入,此后卖家可发布商品,商品发布数量限制为3000个以内(只有店铺经营表现获得评估后的商家方可提升商品发布数量),对于发布数量有特殊规定的行业详见全球速卖通发布的相关细则。

(2) 如实描述商品及保障所售商品质量是卖家的基本义务。如实描述商品是指卖家在商品描述页面等所有全球速卖通提供的商品展示渠道中,对商品的基本属性、成色、瑕疵等必须说明的信息进行真实、完整的描述。

(3) 卖家应保证其出售的商品在进口国法律规定的合理期限内可以正常使用,包括商品不存在危及人身财产安全的不合理危险、具备商品应当具备的使用性能、符合商品或其包装上所注明采用的标准等。

(4) 卖家在全球速卖通发布商品应当严格遵守全球速卖通发布的相关行业标准。

(5) 全球速卖通平台规定卖家还应依法设置收款账户。卖家应按照相关规定提供保证金,未完成保证金交纳的,卖家不得开始线上销售。

三、全球速卖通平台知识产权规则

全球速卖通平台严禁用户未经授权发布、销售涉嫌侵犯第三方知识产权的商品。若卖家发布、销售涉嫌侵犯第三方知识产权的商品,则有可能被知识产权所有人或者买家投诉。平台也会随机对商品(包含下架商品)信息、商品组名进行抽查,若涉嫌侵权,则信息会被退回或删除。全球速卖通平台根据侵权类型对用户执行处罚,具体如表1-2所示。

表1-2 全球速卖通平台知识产权规则

侵权类型	定义	处罚规则
商标侵权	严重违规:未经注册商标权人许可,在同一种商品上使用与其注册商标相同或相似的商标	3次违规者关闭账号
	一般违规:其他未经权利人许可使用他人商标的情况	首次违规扣0分 其后每次重复违规扣6分 累达48分者关闭账号
著作权侵权	未经权利人授权,擅自使用受版权保护的作品材料,如文本、照片、视频、音乐和软件,构成著作权侵权 实物层面侵权:实体商品或其包装被盗版;实体商品或其包装非盗版,但包括未经授权的受版权保护的内容或图像 信息层面信息:图片未经授权被使用在详情页上;文字未经授权被使用在详情页上	首次违规扣0分 其后每次重复违规扣6分 累达48分者关闭账号

续表

侵权类型	定义	处罚规则
专利侵权	外观专利、实用新型专利、发明专利的侵权情况（一般违规或严重违规的判定视个案而定）	首次违规扣0分 其后每次重复违规扣6分 累达48分者关闭账号（严重违规情况，3次违规者关闭账号）

备注：

（1）全球速卖通会按照侵权商品投诉被受理时的状态，根据相关规定对相关卖家实施适用的处罚。

（2）同一天内所有一般违规及著作权侵权投诉，包括所有投诉成立（商标权或专利权侵权投诉：被投诉方被同一知识产权投诉，在规定期限内未发起反通知，或虽发起反通知，但反通知不成立。著作权侵权投诉：被投诉方被同一著作权人投诉，在规定期限内未发起反通知，或虽发起反通知，但反通知不成立）及全球速卖通平台抽样检查，扣分累计不超过6分。

（3）同三天内所有严重违规，包括所有投诉成立（即被投诉方被同一知识产权投诉，在规定期限内未发起反通知，或虽发起反通知，但反通知不成立）及全球速卖通平台抽样检查，只会作1次违规计算；3次严重违规者关闭账号，严重违规次数记录累计，不区分侵权类型。

（4）全球速卖通有权对店铺相关违规及侵权行为采取处罚措施，包括但不限于：① 退回或删除商品/信息；② 限制商品发布；③ 暂时冻结账户；④ 关闭账号。对于关闭账号的用户，全球速卖通有权采取措施防止该用户再次在全球速卖通上进行登记。

（5）每项违规行为从处罚之日起365天内有效。

（6）当用户侵权情节特别显著或极端时，全球速卖通有权对用户单方面采取解除全球速卖通商户服务协议及免费会员资格协议、直接关闭用户账号（包括全球速卖通酌情判断与其相关联的所有账号），以及采取其他为保护消费者或权利人的合法权益，或维持平台正常的经营秩序等由全球速卖通酌情判断认为适当的措施。此等情况下，全球速卖通除有权直接关闭账号外，还有权冻结用户关联的支付宝账号的资金及全球速卖通账号中的资金，其中依据包括：为确保消费者或权利人在行使投诉、举报、诉讼等救济权利时，其合法权益得以保障。

（7）全球速卖通保留以上处理措施等的最终解释权及决定权，也会保留与之相关的一切权利。

四、全球速卖通平台交易规则

（一）全球速卖通平台搜索排序规则

全球速卖通有权按照系统设定的统一算法进行平台商品的排序。商品在搜索页面的排序包含多种因素，包括但不限于商品信息的描述质量、商品与买家搜索需求的相关性、商品的交易转化能力、卖家的服务能力、搜索作弊的情况。

影响店铺与商品搜索排名的因素很多，简单来说概括为以下五个方面。

1. 商品信息的描述质量

卖家应如实描述商品信息。商品信息应尽量准确完整。商品的标题、发布类目、属性、图片、详细描述对于买家快速做出购买决策来说非常重要，务必准确、详细。

（1）标题是搜索商品非常关键的信息。卖家务必在标题中清楚地描述商品的名称、型号及关键的特征，让买家一看标题就能清楚地知道该商品是什么，从而吸引其进入详情页查看。

（2）商品类目要准确。将商品放到不相关的类目下不仅会导致商品被买家搜索到的概率降低，而且可能会受到平台的处罚。

（3）商品的属性填写一定要完整且准确，这些属性将帮助买家快速判断该商品是不是自己想要的。

（4）商品的主图是展示商品不可或缺的部分，买家更加喜欢高质量、多角度的图片。清晰、美观、多角度的商品展示图片可以帮助买家了解商品，并做出购买决策。卖家最好能够对所销售的商品进行实物拍摄。盗用其他卖家的图片不仅会让买家怀疑卖家的诚信，并且店铺将会受到平台严厉的处罚。如果自己拍摄的图片被其他卖家盗用，卖家可以直接联系平台进行投诉，平台有专人负责受理并严厉处罚盗用图片的店铺。

（5）详细描述的信息一定要真实、准确，要介绍商品的功能、质量、优势，图文并茂，以帮助买家快速了解商品。

2. 商品与买家搜索需求的相关性

相关性涉及搜索引擎技术中非常复杂的算法。简单地说，其就是判断卖家的商品与买家输入的搜索关键词或选择的类目的相关程度，也就是商品与买家实际需求的相关程度，相关程度越高，排名越靠前。

平台在判断相关性时，优先考虑商品的标题，其次会考虑类目、商品属性等。以下几点建议有助于提升商品与买家搜索需求的相关性。

（1）标题是重中之重，具体可以注意以下几点：① 标题要真实概括商品，避免虚假描述，比如：卖家销售的商品是MP3，但为了获取更多曝光，在标题中填写MP4、MP5等描述，平台有算法可以监测到此类作弊商品，同时虚假的描述也会影响商品的转化。② 标题描述要符合海外买家的语法习惯，没有拼写及语法错误。③ 标题要避免关键词堆砌，如"MP3，MP3 player，music MP3 player"，这样的关键词堆砌不仅不能提升商品排名，而且可能会被搜索降权处罚。

（2）商品类目的选择应准确，正确的类目有助于买家通过类目浏览或者类目筛选快速定位到商品。

（3）商品属性尽量完整，有助于买家通过关键词搜索、属性的筛选快速定位到商品。

3. 商品的交易转化能力

平台会综合观察一个商品曝光的次数及最终的成交量，并以此来衡量一个商品的交易转化能力。交易转化能力高的商品代表买家需求高，有市场竞争优势，从而会获得靠前的排名；交易转化能力低的商品的排名会靠后甚至没有曝光的机会，从而逐步被市场淘汰。

商品的成交量大和好评率高，有助于帮助买家快速地做出购买决策，这样的商品排名也会靠前。

4. 卖家的服务能力

除商品本身的质量外，卖家的服务能力也是直接影响买家购物体验的因素，平台期望卖家和平台一起努力，将优质的服务提供给买家。

在搜索排名上，平台会非常看重卖家的服务能力，能提供优质服务的卖家排名将靠前，服务能力差、买家投诉多的卖家会受到排名靠后甚至不参与排名的处罚。

全球速卖通平台会重点观察卖家在以下几个方面的服务表现。

（1）服务响应能力

服务响应能力主要体现在阿里旺旺及邮件的响应能力上，保持旺旺在线、及时答复买家的询问将有助于提升卖家在服务响应能力方面的评分。

（2）订单的执行情况

买家付款后，全球速卖通期望卖家能够及时发货。如果卖家承诺了发货时间，那么就应该兑现承诺。无货空挂、拍而不卖的行为将给买家带来不好的体验，会影响卖家所有商品的排名情况，情节严重的卖家的所有商品将不参与排名。当然，全球速卖通会排除非卖家责任的订单取消的情况。此外，如果卖家为了规避拍而不卖而进行虚假发货，那么将被平台视为有欺诈行为，将受到更加严厉的处罚。

（3）订单的纠纷、退款情况

卖家在发布商品时，应向买家真实准确地介绍商品，保证商品的质量，避免买家收到货后产生纠纷、退款的情况。如果买家对商品不满意，卖家应该提前积极主动地与买家沟通、协商，避免产生纠纷，特别要避免纠纷需要平台介入处理的情况发生。全球速卖通会对纠纷少的卖家进行奖励，对纠纷多的卖家进行搜索排名严重靠后甚至不参与排名的处罚。当然，平台也会排除非卖家责任引起的纠纷、退款情况。

（4）卖家的好评率

买家评价情况是交易结束后，买家对商品、卖家服务是否满意最直接的体现，卖家应重视买家的评价，并争取获得好评。全球速卖通会优先推荐好评率高的商品和店铺，给予其更多曝光机会和推广资源；对于好评率低的商品和店铺将对其进行排名靠后甚至不参与排名的处罚。

在订单的执行、纠纷退款、好评率等几个维度上，全球速卖通会同时观察单个商品和店铺整体的表现情况。如果只是个别商品表现差，那么只影响个别商品的排名；如果店铺整体表现差，那么将影响该店铺销售的所有商品的排名。

5．搜索作弊的情况

全球速卖通会对搜索作弊的行为进行日常的监控和处理，及时清理作弊的商品，处罚手段包括商品的排名靠后、商品不参与排名或者隐藏该商品。对于作弊行为严重或屡犯的卖家，平台会对其店铺进行一段时间内整体排名靠后或不参与排名的处罚；对于作弊行为特别严重者，甚至会关闭账号，进行清退。

常见的搜索作弊行为如下。

（1）黑五类商品乱放

黑五类商品是指订单链接、运费补差价链接、赠品、定金、新品预告等。黑五类商品作为特殊商品放在平台上，应按规定放置到指定的特殊类目中；如果未按照规定放在特殊类目中，会被判定为搜索作弊行为。

（2）重复铺货骗曝光

重复铺货骗曝光是指卖家将同一件商品恶意发布为多个商品进行销售。

（3）重复开小账号抢曝光

重复开小账号抢曝光是指卖家恶意注册多个账号发布相同商品进行销售。

（4）商品标题、关键词滥用

商品标题、关键词滥用是指在商品的标题、关键词、简要描述、详细描述等内容中使用与商品本身不相关的品牌名称和描述用语，吸引更多买家注意或误导买家浏览自己的商品。

（5）商品类目乱发

商品类目乱发是指将商品发布在不合适的类目中或设置错误的属性,这样会影响平台商品类目列表及属性筛选的准确性,进而影响买家购物体验。

（6）商品超低价、超高价骗曝光

商品超低价、超高价骗曝光是指卖家发布商品时,设置偏离商品正常价值较大的价格,以在默认或价格排序时,吸引买家注意,骗取曝光。

（7）商品价格与运费倒挂

商品价格与运费倒挂是指卖家以超低价格发布商品,同时调高运费价格,吸引买家注意,骗取曝光。

（8）发布广告商品

发布广告商品是指以宣传店铺或其他商品为目的,发布带有广告性质的商品,吸引买家访问,但不进行真实的销售。

（9）商品销量炒作

商品销量炒作是指以提升商品的累计销量为目的,利用先卖低价值商品,后转卖高价值商品及虚假交易的方式提升商品的累计销量,误导买家。

（10）卖家信用炒作

卖家信用炒作是指信用评价并非基于真实的交易,而是卖家为了提高自己的信誉等级,利用不真实的交易作出评价的行为。

（二）订单超时规定

1. 订单关闭

一般商品自买家下订单起的20天内,买家未付款或者付款未到账的,订单将超时关闭。在闪购、限时抢购等特殊交易场景下,为维护卖家利益,买家未付款或付款未到账的订单会在平台认为的合理时限内(半小时起)关闭。

2. 买家取消订单

自买家付款成功之时起到卖家发货前,买家可申请取消订单。买家申请取消订单后,卖家可以与买家进行协商。若卖家同意取消订单,则订单关闭、货款全额退还给买家;若卖家不同意取消订单并已完成发货,则订单继续。

3. 卖家发货超时

自买家付款成功之时起至备货期结束,若卖家因故无法及时发货,可与买家协商,由买家提交延长备货期的申请。但是卖家必须在双方协商确定的新备货期内完成发货;若卖家在延长的备货期内仍未完成全部发货,则订单将因发货超时自动关闭,货款将全额退还给买家。

4. 买家确认收货超时

自卖家声明全部发货之时起,买家应在卖家承诺的运达时间内确认收货。若卖家承诺的运达时间小于平台设定的默认值,则买家确认收货的时间以平台默认值为准。在此期间,卖家应与买家保持沟通,及时了解收货情况。若经双方沟通确认买家确实未收到货物,卖家可协助买家申请延长收货时间。若买家在规定的收货时间内既未确认收货也未申请退款,则系统将自动确认买家收货,并视为交易完成。

5. 买家申请退货

若卖家承诺的运达时间小于10天(自然日,除非有特殊说明),则买家在卖家声明全部发货后就可以申请退货;若卖家承诺的运达时间大于等于10天,则买家需在卖家声明全部发货后的第10天起(即发货满10天后)方可申请退货。

(三)物流规定

1. 发货物流方式

(1)卖家可自主选择物流服务,包括但不限于菜鸟平台的线上物流服务商、菜鸟无忧物流或其他的线下物流方式。但收货地为平台有特殊规定的部分国家时,卖家应按照规定选择物流方式。

(2)如果买家自行选择物流方式,那么卖家发货所选用的物流方式必须是买家所选择的物流方式。未经买家同意,卖家不得无故更改物流方式。

(3)卖家填写发货通知时,所填写的运单号必须完整、真实准确,并可查询。

2. 物流保护政策

(1)采用线上发货物流方式的订单

采用线上发货物流方式的订单若产生"DSR[①]物流服务评分为1、2、3分"和由于物流原因引起的"纠纷提起""仲裁提起""卖家责任裁决率",平台会对该笔订单的这4项指标进行免责(即不计入相关平台考评)。因物流问题产生的纠纷(如妥投地址错误,但卖家填写地址无误的情况),卖家可发起线上发货投诉。

(2)采用无忧物流发货的订单

采用无忧物流发货的订单若产生"DSR物流服务评分为1、2、3分"和由于物流原因引起的"纠纷提起""仲裁提起""卖家责任裁决率",平台会对该笔订单的这4项指标进行免责。因物流问题产生的纠纷,直接由平台介入核实物流状态并判责。因物流导致的纠纷退款由平台承担(标准物流赔付上限为800元人民币,优先物流赔付上限为1200元人民币)。

五、全球速卖通平台放款时间与规则

为确保交易安全、保障买卖双方合法权益,全球速卖通在满足规定的条件时,有相应的放款时间及放款规则。

(一)放款时间

(1)一般情况下,全球速卖通将在交易完成、买家无理由退货保护期届满后向卖家放款,即买家确认收货或系统自动确认收货后的第15个自然日(或平台不时更新并公告生效的其他期限)。

(2)全球速卖通根据系统对卖家经营情况和信用进行的综合评估(如经营时长、好评率、拒付率、退款率等),来决定是否为部分订单进行交易结束前的提前放款(提前垫资放

---

① DSR:"Detail Seller Rating"的简称,指店铺动态评分。

款)。提前放款的具体金额可以为订单的全部或部分,由全球速卖通根据综合评估单方面决定。卖家可随时向平台申请退出提前放款。

(3)若卖家账号被清退或卖家主动关闭账号,针对账号被清退或关闭前已完成的交易,为保障消费者利益,平台将在订单发货后的第180个自然日放款。

(4)若全球速卖通依据法律法规、双方约定或合理判断,认为卖家存在欺诈、侵权等行为,全球速卖通有权视具体情况对该卖家延迟放款周期,并对订单款项进行处理,或冻结相关款项直至违规依据消除。

(二)放款规则

1. 提前放款

(1)对于经评估符合条件的交易,平台将在卖家发货后且买家付款成功并经银行资金清算到账后,进行提前放款。放款时,卖家授权全球速卖通及 Alipay Singapore E-Commerce Private Limited 冻结提前放款的部分金额,作为卖家对平台的放款保证金。卖家须同意平台根据卖家经营状况、纠纷率等不时调整放款保证金金额,同时卖家也可随时在后台查询放款保证金金额。

(2)因相关订单发生纠纷、买家无理由退款或其他原因导致卖家需要向买家退还货款,而全球速卖通已为该订单提前放款的,全球速卖通有权从卖家的支付宝国际账户、全球速卖通账户直接划扣进行相关赔付;不足赔付部分,全球速卖通有权从放款保证金中直接划扣;仍不足赔付的,全球速卖通及买家有权继续向卖家追讨。

(3)并非每个卖家的每笔订单均可享受提前放款。如果订单存在平台认定的任何异常情况或卖家经系统判断不符合享受提前放款的情形,那么平台有权不进行提前放款。

(4)经全球速卖通评估,不再符合提前放款条件的卖家,放款保证金将在平台通知取消提前放款之日起6个月后退还;期间若因卖家原因导致买家、平台或其他第三方发生损失或产生退款、垫付等情况(包括但不限于享受提前放款的订单纠纷导致),全球速卖通有权从放款保证金中划扣以补偿损失,剩余部分将于6个月期限届满后退还给卖家;不足部分,全球速卖通有权从卖家的支付宝国际账户中划扣;仍不足赔付的,全球速卖通有权继续向卖家追讨。

2. 其他说明

(1)卖家在放款后,应自主按照可适用的法律法规对结汇、提现进行申报或操作,并依法纳税。

(2)卖家进行提现时,银行会收取15美元/笔的手续费,手续费在提现时扣除。卖家余额少于15美元时,平台会建议卖家不要进行提现;卖家如果坚持提现,那么应向平台或银行补足15美元手续费。

六、全球速卖通平台保护政策

(一)卖家保护政策

交易期间突发不可抗力事件(如2014年巴西大规模罢工事件),平台会根据不可抗力事件的具体情况:

(1) 对因该事件引起的"成交不卖""纠纷提起"订单是否计入相关指标进行综合判断,具体的判定和范围以平台公告为准。

(2) 在纠纷处理规则和时效上做出相应的调整,具体的判定及时间以平台公告为准。

(二) 售后宝服务

1. 售后宝服务介绍

售后宝服务是指为提升平台竞争力、保障买家购物体验,平台在综合消费者反馈和各行业特点的基础上,针对特定类目商品的订单,在买家因特定货不对版提起纠纷时,向卖家提供赔付处理服务。该服务由平台出资免费为符合条件的卖家提供,具体权限开放条件、适用的货不对版纠纷情形以平台公告为准。售后宝服务不免除任何卖家根据平台规则、与买家协议及法律法规规定下的义务或责任。

2. 售后宝服务的服务范围

平台对符合全球速卖通平台约定条件的卖家以某个类目的订单为维度提供售后宝服务。具体而言,如果卖家销售的商品是指定类目,且该订单纠纷符合全球速卖通平台确定的货不对版纠纷情形,那么平台为该卖家就此订单提供售后宝服务。对此,平台保留自主决定关闭或新增为任意一类类目(子类目)商品提供售后宝服务的权利。

3. 售后宝服务限制

享受售后宝服务的卖家应遵守相关约定,否则平台有权停止卖家的售后宝服务权限。并且,在卖家恶意违规的情况下,平台有权就平台向买家赔偿货款部分向卖家追偿。具体情况如下:

(1) 对于不享受售后宝服务的订单纠纷,卖家应按平台规则积极履行相关义务,按纠纷流程及时响应,并善意处理相关纠纷。

(2) 即便卖家享受售后宝服务,但如果平台认为解决纠纷需要卖家配合,那么卖家应尽一切合理努力配合平台及买家,包括但不限于提供关于商品的信息、提供商品问题出现的分析、对不清晰的商品信息进行修正等。若卖家拒绝配合,则平台有权终止其享受售后宝服务,并要求卖家直接承担解决相关纠纷的责任。

(3) 卖家应善意地使用售后宝服务,不得以任何方式滥用售后宝服务。滥用售后宝服务的行为包括但不限于:在达成订单后以次充好、调包商品、短装少发、发空包裹、出售假货,勾结买家诈骗售后宝服务提供的赔付金,等等。

(4) 对于滥用售后宝服务的卖家,平台有权向其追偿平台就其订单纠纷向买家支付的全部资金;对于滥用售后宝服务、恶意利用售后宝服务获取资金涉嫌违法犯罪的卖家,平台有权向执行机关报案。

4. 不适用售后宝服务的情形

不适用售后宝服务的货不对版纠纷或其他纠纷仍应由卖家承担相关责任。不适用售后宝服务的情形包括但不限于:

(1) 买家提起的"未收到货物"或"限时达超时"等物流类纠纷。

(2) 买家因收到的货物有短装、少发或空盒等情形而提起的纠纷。

(3) 买家以无理由退货提起的纠纷,退货原因包括但不限于买家下错单、买家不再需要订单商品、买家购买了更低价优质的商品等。

(4) 账号处于关闭状态下的卖家的订单纠纷。为避免歧义,卖家账号无论何种原因进入关闭状态,其交易的任何订单都不再享受售后宝服务。

训练项目

1. 进入全球速卖通网站详细了解其交易规则,进入全球速卖通大学频道学习平台规则。
2. 进入亚马逊、敦煌网、eBay等平台学习平台规则,为开店做好准备。

任务三 选品与定价

任务导入

苏州某信息科技有限公司主营婚纱礼服,而婚纱礼服行业的旺季普遍在三四月份,五月份到年底基本是婚纱礼服行业的淡季。为了能拓宽淡季市场,该公司迫切需要在下半年开拓另一个品类线来支撑公司发展。

苏绣团队的任务是:找到一条旺季在下半年的品类线,以区别于旺季在三四月的婚纱礼服,从而使公司全年销量额均可持续增长。

苏绣团队通过利用相关工具进行分析,找出了适合的新品类:返校礼服。并通过竞争导向定价法和成本导向定价法对比分析,确定返校礼服的价格区间为61.34～76.80美元。

任务流程

第一步:通过 Google Trends 进行不同关键词分析

苏绣团队通过 Google Trends 工具,来分析不同关键词 prom dress(舞会礼服)、evening dress(晚礼服)、homecoming dress(返校礼服)的热度随时间变化的趋势。

通过分析发现,返校礼服的热度在下半年的8～10月有增长趋势,刚好符合需求。

第二步:通过 Instagram 查找相关商品

苏绣团队工作人员通过 Instagram 搜索 homecoming dress,找到了与返校礼服相关的商品,如图1-2所示。苏绣团队经过分析,得到如下信息:

(1) 适合人群:美国在校学生,包括中学生和大学生。
(2) 适用时期:一般在每年秋季开学后。
(3) 用途:返校季校友会晚宴,庆祝老校友回归,欢迎新生加入。
(4) 特点:短款为主,多为及膝A摆小短裙。

图 1-2　在 Instagram 搜索 homecoming dress

第三步：对商品进行定价

苏绣团队决定采用竞争导向定价法和成本导向定价法相结合的方式来确定返校礼服的定价。

（1）竞争导向定价法

根据竞争导向定价法，苏绣团队工作人员在全球速卖通买家端页面搜索关键词 homecoming dress，依照"Best Match"进行排序（如图 1-3 所示），了解了其他卖家出售返校礼服的价格。如果搜索结果中排名前十的商品的价格差距很大，那么说明这些价格数据的直接参考价值有限。这种情况就需要综合考虑排名前十的商品的销量、价格及所在店铺的情况等，综合分析得出价格区间。

按照"Best Match"排序，在搜索结果中排名前十的返校礼服商品最低价格为 33.15 美元，最高价格为 157.50 美元，价格差距较大。苏绣团体工作人员通过综合分析排名前十的商品的销量、价格及所在店铺的情况等，最后确定他们要售卖的返校礼服的价格区间为 49.80～76.80 美元。

（2）成本导向定价法

竞争导向定价法主要关注目标市场上销售类似返校礼服的竞争对手的定价情况，然而，在实际操作中，我们还需要综合考虑自身的各项成本。因此，苏绣团队的工作人员决定在竞争导向定价法的基础上，结合成本导向定价法来确定返校礼服的定价。

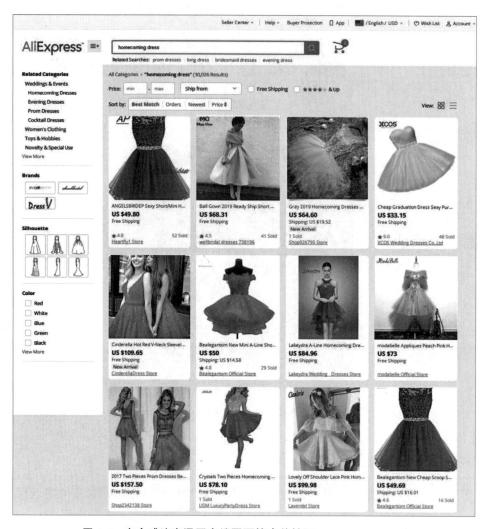

图 1-3　在全球速卖通买家端页面搜索关键词 homecoming dress

成本导向定价法定价公式如下：

$$促销原价(美元) = \frac{实际售价(美元)}{1-平台活动折扣}$$

其中，

$$实际售价(美元) = \frac{[进货成本(元)+运费(元)] \div 人民币兑美元汇率 \times (1+利润率)}{1-平台类目佣金率}$$

目前，单件返校礼服的进货成本一般在 200～300 元，重量为 0.45 kg，某快递公司发往美国的小包普货计费标准如表 1-3 所示，运费计算如下：

$$运费 = 重量 \times 63.5 + 17.75(挂号服务费)$$

$$1 件返校礼服的运费 = 0.45 \times 63.50 + 17.75$$

$$\approx 46.33(元)$$

表 1-3 某快递公司发往美国的小包普货计费标准

国家	配送服务费(元/kg)	挂号服务费(元/个)
美国	63.50	17.75

全球速卖通目前的平均利润率为30%,平台类目佣金率为5%,平台活动折扣为20%。我们可以推导出大致定价区间,具体步骤如下:

① 实际售价(美元) = $\dfrac{[(200\sim300)+46.33]\div 6.87^{①}\times(1+30\%)}{1-5\%}$

$\approx 49.07\sim68.98$(美元);

② 促销原价(美元) = $\dfrac{49.07\sim68.98}{1-20\%}\approx 61.34\sim86.23$(美元);

③ 结合竞争导向定价法得出的参考区间价为49.80~76.80美元,因此苏州某信息科技有限公司的返校礼服合理价格区间在61.34~76.80美元。

第四步:结论

苏绣团队通过相关工具,找到了适合公司未来发展的新品类:返校礼服。

(1) 通过Google Trends分析确定在下半年的8~10月这个时期主推返校礼服。

(2) 通过Instagram分析确定关于返校礼服的适合人群、适用时期、用途、特点:学生、秋季、参加返校晚宴、及膝A摆小短裙。

(3) 通过竞争导向定价法和成本导向定价法对比分析,确定返校礼服的价格区间为61.34~76.80美元。

相关知识

一、跨境电子商务选品

(一) 全球速卖通平台选品规则

卖家不得在全球速卖通平台发布违反任何国家、地区及司法管辖区的法律规定或监管要求的商品信息。

(二) 跨境电子商务选品途径

1. 线上选品

线上选品主要是运用数据分析工具进行市场调研,定位买家需求,从而实现精确选品。

(1) 通过"生意参谋"中提供的数据选品

① "市场大盘"。

卖家进入"我的速卖通"—"生意参谋"—"市场大盘"。"市场大盘"展示了基于全球速卖通平台的交易数据,交易数据包含行业数据、行业趋势及行业国家分布三大模块内容。卖家

---

① 6.87为2020年5月人民币兑美元汇率。

可以根据"市场大盘"页面提供的数据分析,迅速了解行业现状,判断经营方向。同时,卖家也可以通过"市场大盘"挑选优质行业。

以箱包行业中的双肩包类目为例,选择最近 30 天数据。在行业数据中,卖家可了解到行业的流量、成交转化及市场规模等信息。在行业趋势中,卖家可最多选择三个行业进行对比。例如,卖家决定经营箱包,但是箱包中又分为双肩背包、手提/单肩/斜挎包、公文包、钱包、腰包等类目,卖家可参考行业趋势中的数据分析来选择经营类目。在行业国家分布中,卖家可了解类目下产品的主要消费国,从而根据不同国家的特点与需求,更有针对性地选品。

② "国家分析"。

卖家进入"我的速卖通"—"生意参谋"—"国家分析"。"国家分析"提供了不同行业和国家在一段时间内的高 GMV[①] 高增速和高 GMV 低增速、低 GMV 高增速和低 GMV 低增速的数据反应(如图1-4、图1-5所示),可以帮助卖家了解哪些国家的市场还可以去拓展,哪些国家的客户购买力度大,从而根据不同国家市场来挑选适合的产品。

高GMV高增速				高GMV低增速			
国家&地区	支付金额占比	上升指数	物流天数	国家&地区	支付金额占比	上升指数	物流天数
美国	28.68%	1,295	45	立陶宛	0.50%	1,052	45
法国	7.33%	1,190	32	爱尔兰	0.45%	1,188	60
英国	5.94%	1,387	20	葡萄牙	0.70%	1,031	60
西班牙	5.08%	1,354	42	沙特阿拉伯	0.89%	992	40
荷兰	4.14%	1,194	30	大韩民国	1.04%	1,010	17
加拿大	3.30%	1,204	60	瑞士	1.03%	1,080	55
墨西哥	1.75%	1,835	60	比利时	1.42%	1,175	44
澳大利亚	2.14%	1,499	58	巴西	1.58%	1,068	55
以色列	2.13%	1,224	60	意大利	2.00%	1,095	43
智利	1.66%	1,349	60	波兰	2.31%	1,073	44

图 1-4 高 GMV 高增速和高 GMV 低增速

低GMV高增速				低GMV低增速			
国家&地区	支付金额占比	上升指数	物流天数	国家&地区	支付金额占比	上升指数	物流天数
哥伦比亚	0.45%	1,759	59	秘鲁	0.12%	819	80
土耳其	0.34%	1,669	51	塞浦路斯	0.13%	782	60
哈萨克斯坦	0.42%	1,295	49	马来西亚	0.11%	978	57
斯洛伐克共和国	0.44%	1,211	54	斯洛文尼亚	0.11%	995	60
罗马尼亚	0.41%	1,218	60	克罗地亚	0.12%	1,120	60
泰国	0.34%	1,317	42	爱沙尼亚	0.20%	838	56
阿拉伯联合酋长国	0.28%	1,300	25	尼日利亚	0.15%	1,150	60
卡塔尔	0.15%	1,687	60	芬兰	0.18%	1,025	52
中国香港特别行政区	0.10%	2,244	56	瑞典	0.24%	1,023	60
哥斯达黎加	0.13%	1,655	60	挪威	0.22%	1,188	60

图 1-5 低 GMV 高增速和低 GMV 低增速

同时,卖家还可以通过"国家分析"来了解某一个国家的销售数据,如图1-6所示。

---

① GMV:全称为 Gross Merchandise Volume,商品交易总额。

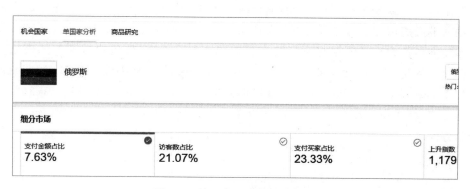

图 1-6　某一个国家的销售数据

通过对消费者的年龄、性别及购买次数的数据分析,可以得出产品的主要购买力来自什么年龄段、什么性别的群体(如图 1-7、图 1-8 所示),然后根据数据分析结果,有针对性地进行选品。

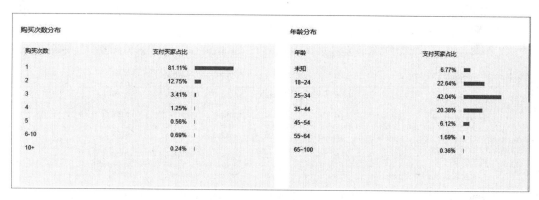

图 1-7　购买次数与年龄关系

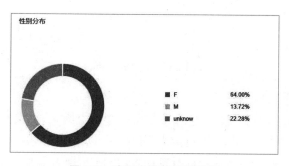

图 1-8　购买次数与性别关系

③ "搜索分析"。

卖家进入"我的速卖通"—"生意参谋"—"搜索分析"。"搜索分析"可以让卖家了解国外的买家喜欢搜索什么内容、怎么搜索内容,从而帮助卖家选品和进行产品命名。

同样以箱包行业中的双肩包类目为例,在"行业情报"中,发现俄罗斯是双肩包销售最大的市场。从"国家"下拉列表框中选择:俄罗斯;"时间"后的下拉列表框中选择:最近 30 天。

热搜词数据可以下载表单并保存,对于飙升词和零少词同样如此。可以将保存下来的词在表单中根据不同的指标进行排序分析,从而找到有一定浏览量和支付率的词;同时,竞争指数不太高的词可作为选品依据与命名参考。如图1-9所示,双肩包热搜词按照搜索人气排序后排在前三的是 рюкзак,рюкзак женский,рюкзак школьный,英文依次对应为 backpack,women's backpack,school backpack。这些词是选品和命名的参考,但是这些词往往已被大卖家出价推广,新手卖家没有太大优势,所以新手卖家可以挖掘一些小众的飙升词和零少词作为选品方向。

图1-9 搜索词分析

(2) 参考同行卖家选品

作为新手卖家,学习同行是非常好的一条成长途径。例如,卖家在买家端页面的搜索框中输入 backpack 后,会出现很多背包类的商品,可以点击查看;可以按照 Best Match、Orders、Newest、Seller Rating、Price 进行排序,仔细研究排名靠前的商品与店铺,亦可仔细研究排名靠后的商品与店铺,从中分析原因,不断总结,为选品提供参考。

(3) 通过站外工具选品

除了借助平台的数据之外,卖家还可以通过一些站外工具进行选品分析。卖家可通过 Google Trends 工具分析品类的周期性特点,把握产品开发先机;借助 KeywordSpy 工具发现品类搜索热度和品类关键词;借助 Alexa 工具,选择至少三家该品类中以该市场作为主要目标市场的竞争对手网站,作为对目标市场产品品相分析和选择的参考;还可将 Excel 软件作为分析处理工具。

(4) 其他跨境电子商务平台

和全球速卖通相似的跨境电子商务平台有 eBay、亚马逊等,卖家在选品的时候也可以参考这些平台上同行的选品情况。

2. 线下选品

线下选品主要是结合卖家自身的优势货源,通过线下批发市场或者直接对接工厂等方式进行选品。此类途径具有明显的优势:① 价格较为合理,直接从工厂采购,获取一手货源;② 货源相对稳定,这为店铺持续营销和打造爆款提供了有力保障;③ 具有可持续性,因为线下货源的透明度不高,产品特征明显,相对较难同质化。同时,线下选品也有进入门槛较高的缺点。从工厂采购一般都有批量购买的要求,资金实力不够的新手卖家可能难以承担。

二、跨境电子商务选品的注意事项

(1) 产品特点。标准化,客户容易获得产品信息;价值低,风险相对较小;货源稳,保证能够及时发货;重量轻,包装简单,运费低。

(2) 做好充分的市场调研,包括流行趋势、流行季节、相关节日等情况。

(3) 注意规避风险。相关风险包括产品侵权、买家欺诈、物流风险(包括快递速度、丢包率、清关等)。

(4) 选择适合新手的产品线,如 3C 电子产品、母婴(孕婴服装)产品、饰品、灯具(LED 灯、装饰灯具、节日灯具)、服装、家居用品(床上用品、厨房用品、宠物用品、室内装饰等)、户外用品等。

(5) 严格控制产品质量,特别是通过网络批发平台采购的产品,一定要看产品销量与评价,注重供应商实力,不要一味贪图便宜。同时,当产品种类很多时,不要全部上架,一定要选择热卖款,避免库存压力。

(6) 不断学习,登录各平台大学、各跨境电子商务论坛,学习最新的跨境电子商务知识。

选品是保持店铺活力与持续发展的关键一环,各种选品方法可相互结合,灵活运用。针对不同行业不同产品,选品途径与方法有所不同;不同卖家适合的选品途径与方法亦有所不同。只要是真正切合市场需求的,都是好方法。

三、跨境电子商务商品定价的方法与技巧

合理的商品定价是跨境电子商务成功的关键,直接关系到企业能否在激烈的竞争中存活下来。

(一) 影响商品定价的相关因素

1. 成本因素

成本是商品定价时需要考虑的最基本、最重要的因素。在一般情况下,商品的成本高,其售价也高,反之亦然。商品的成本构成主要包括生产成本、销售成本、储运成本和机会成本。

(1) 生产成本

生产成本是企业生产过程中所支出的全部生产费用,是从已消耗的生产资料的价值和

生产者所耗费的劳动的价值转化而来。当企业具有适当的规模时，商品的生产成本会达到最低点。但不同的商品在不同的条件下，都有理想的产量限度，一旦超过了这个限度，成本反而会增加。

（2）销售成本

销售成本是指商品在流通领域中产生的广告、推销等相关费用。在计划经济体制下，销售成本在成本中所占比重很小，因而对商品价格的影响也微乎其微。但在市场经济体制下，广告、推销等是提升商品价值的重要手段，销售成本在商品成本中所占的比重也日益增加。因此，在确定商品的价格时必须考虑销售成本。

（3）储运成本

储运成本是指商品的运输和储存费用。商品畅销时，储运成本较少；商品滞销时，储运成本增加。

（4）机会成本

机会成本是指企业为了从事某项经营活动而放弃的另一项潜在经营活动所能带来的收益，或是利用一定资源获取某种收入时所放弃的另一种可能收入。这种被放弃的收益或收入即为当前从事的经营活动的机会成本。需要注意的是，虽然机会成本不直接构成商品成本，但它通过影响企业的生产决策和市场竞争态势，间接地影响商品价格。

2. 市场需求因素

商品价格除了成本因素外，在很大程度上，还受市场供求状况、市场竞争状况及其他因素的影响。一个成熟的商品在市场上肯定会有很多的竞争对手，所以竞争在所难免。同时在品质相差不大的情况下，价格无疑是一个很重要的竞争因素。

（1）市场供求状况

在市场经济体制下，市场供求决定市场价格，市场价格又决定市场供求。因此，确定商品价格时必须考虑市场的供求状况。

① 供求状况与价格的双向影响。

商品价格是在一定的市场供求状况下形成的，在一定时期内，某种商品的供求状况反映其供给总量与需求总量之间的关系。这种关系包括供求平衡、供小于求和供大于求三种情况。

供求平衡是指市场上某种商品的供给与需求之间相互适应。在供求平衡状态时，某种商品的市场价格称为均衡价格。

供大于求是指假定供求状况和价格以外的其他因素不变，当某种商品的价格高于均衡价格时，该商品出现需求量小于供给量的情况。这表明价格影响了供求状况。当某种商品的需求减少且供给增多时，价格便回落至均衡价格或以下，这表明供求状况也影响并决定着价格。

供小于求是指当某种商品低于均衡价格时，出现需求量大于供给量的情况。当某种商品供小于求时，说明该商品的供给总量满足不了人们的需求，商品价格便会上涨，形成卖方市场。随着价格的上涨，企业的资金会转向该商品的生产与销售，导致该商品的市场供给量剧增，从而卖方市场转化为买方市场，形成供大于求的局面，价格自动回落。

② 需求价格弹性。

需求价格弹性是指需求随着价格的变化出现较大的变化。价格上升，需求减少，总收益下降;价格下降,需求增加,总收益上升。在一般情况下,某种商品的价格升高,其需求量就会减少,反之亦然。因此,确定商品价格时必须考察商品的需求价格弹性。对于需求价格弹性很强的商品,适当的降价必然会带来商品总体销售数量的上升,销售额上升,利润就会增加,如日常生活用品。但是对于一些需求价格弹性不强的商品,这种方法就不适合了。

(2) 市场竞争状况

一般来说,竞争越激烈,对价格的影响越大。按照竞争的程度,市场竞争可以分为完全竞争、完全垄断和不完全竞争三种情况。

① 完全竞争对价格的影响。

在完全竞争状态下,企业几乎没有定价的主动权。企业都是价格的接受者而不是决定者。在实际生活中,完全竞争在多数情况下只是一种理论现象,因为任何一种商品都存在一定的差异,加之国家政策的干预及企业的不同营销措施,完全竞争的现象几乎不可能出现。如果出现了完全竞争的情况,那么企业可以采取随行就市的定价策略。

② 完全垄断对价格的影响。

完全垄断是指一种商品完全由一家或几家企业所控制的市场状态。在完全垄断状态下,垄断企业没有竞争对手,可以独家或几家协商设置并控制市场价格。在现实生活中,完全垄断只有在特定的条件下才能形成,由于政府的干预(如许多国家的反垄断立法)、消费者的抵制及商品间的替代关系,一家或几家企业完全垄断市场的局面一般不会出现。如果出现了完全垄断的情况,那么其他企业在确定商品价格时一定要十分谨慎,以防垄断企业的价格报复。

③ 不完全竞争对价格的影响。

不完全竞争是在市场经济体制下普遍存在的典型竞争状态。在这种状态下,多数企业都能够积极主动地影响市场价格,而不是完全被动地适应市场价格。同时,企业在确定价格时,应认真分析竞争者的有关情况,采取相应的定价策略。

3. 国家政策因素

国家政策对商品定价具有深远的影响。大多数国家的政府都会通过制定一系列价格政策,例如,设置价格上限、下限及指导价,或实施价格保护机制等,来引导市场行为,维护经济稳定和保障民生。这就要求企业在制定商品价格时,充分考虑国家政策的导向和约束。

对于涉及国计民生的关键商品,如粮食、食盐、石油等,国家政策尤为严格,旨在防止价格大幅波动,影响社会稳定和人民生活水平。因此,企业在进行定价时,应严格遵守相关政策规定,确保价格合理、稳定,既不过高损害消费者利益,也不过低影响企业可持续发展。同时,企业还需灵活应对政策变化,调整经营策略,以适应市场需求和国家政策要求。

4. 消费者心理因素

消费者心理是影响企业进行商品定价的一个重要因素。在消费过程中,消费者一般都会产生种种复杂的心理活动,并支配其消费过程。因此,企业设置商品价格时,不仅应迎合不同消费者的心理,而且要改变消费者行为,使其向有利于自己营销的方向转化,如利用消费者的猎奇心理、节日需求(情人节的玫瑰、端午节的粽子、中秋节的月饼等)等。

(二) 跨境电子商务中商品成本的构成

跨境电子商务中商品成本的构成相对复杂,主要包括以下几个方面:

1. 购买成本

购买成本是商品成本的基础,包括商品的采购成本、进口税、关税、增值税等税费,以及汇率变化带来的成本波动。因此,选择一个可靠、稳定的供应商,对于跨境电子商务卖家而言是至关重要的。卖家一般通过 1688 网站、行业资讯群等进行采购,也有卖家从传统渠道采购,如从广州市场、义乌市场等拿货。一件代发的方式对卖家而言资金压力较小,比较适合中小型卖家,一件代发分为国内直发和海外直发。如果卖家有充足的资金,也可以自己进货。

2. 物流成本

跨境电子商务中的物流成本是指将商品从一国运输到另一国所需的全部费用,包括运输成本和仓储成本。物流成本受多种因素影响,如货物的重量、体积、运输方式、距离以及目的国的法规和政策等。跨境物流成本通常较高,但通过优化运输方式、仓储管理、清关流程等策略,跨境电子商务卖家可以有效降低物流成本,提高竞争力。

3. 营销成本

为了在全球范围内推广产品,跨境电子商务卖家需要投入大量营销成本,包括广告费用、促销费用、多语言翻译费用等。此外,跨境电子商务卖家还可能采用联盟营销等方式,根据销售额向合作伙伴支付佣金,这也是营销成本的一部分。

4. 平台成本

跨境电子商务卖家通常需要在第三方电商平台上销售商品,因此需要支付平台费用,如平台年费、交易佣金、活动扣点等。例如,在全球速卖通平台上,卖家进行经营必须缴纳年费,且不同类目的入驻费用存在差异。基本年费均超过 1 万元,各一级类目对应的年费标准可详见全球速卖通网站的相关文件。卖家缴纳年费后,平台将在年底根据其年销售额及持续经营情况,决定返还部分或全部年费。只有经营至年底的卖家才有资格获得年费返还。此外,全球速卖通的成交费用按每笔交易额的 5% 进行收取。

5. 售后成本

跨境电子商务卖家需要为客户提供全面的售前咨询和售后服务,包括退换货处理、客户投诉解决等。这些售后活动可能产生额外的运输费用、人力成本以及商品损失等费用。

6. 其他综合成本

除了上述成本外,跨境电商还可能面临其他综合成本,如人工成本(招聘、培训、管理等费用)、办公成本(租金、水电费、办公用品等费用)、跨境物流包装成本等。此外,跨境电商还需要考虑货币转换成本、当地法规遵循成本以及风险控制成本等因素。

四、商品的定价方法

定价方法是企业在特定的定价目标指导下,通过对成本、需求及竞争等状况的分析,运用价格决策理论,对商品价格进行计算的具体方法。企业定价的目标是促进销售,获取利润。这要求企业既要考虑成本,又要考虑消费者对价格的接受能力,从而使定价策略具有买卖双方双向决策的特征。

最基本的定价方法有成本导向定价法、竞争导向定价法和需求定价法。

（一）成本导向定价法

成本导向定价法是企业定价时要优先考虑的方法。成本是企业在生产经营过程中所发生的实际耗费，客观上要求通过商品的销售而得到补偿，并且通过商品的销售而得到补偿的金额要大于其支出，这个超出的部分即为利润。采用成本导向定价法的关键点：一要准确核算成本，二要确定适当的利润率。根据成本价加其他相关费用加利润来定销售价格，确定完销售价格后，再决定上架价格，上架价格要依据营销计划来确定。

通过成本来确定商品价格不仅操作简单，而且可以保证盈利，但是可能出现以下两种情况：

（1）价格定得太高或竞争者有价格优势。买家可能因为很难接受这个价格而不购买，从而导致商品的销量下降，最终导致卖家的利润降低。

（2）价格定得太低。太低的价格可能会让买家质疑商品的质量，从而不愿意购买；或者买家实际上愿为商品支付更多的费用，而定价太低导致卖家获得更少的利润。

（二）竞争导向定价法

竞争导向定价法依据的是市场上同行相互竞争的同类商品的价格，特点是随着同行竞争情况的变化随时来确定和调整价格。采用竞争导向定价法，更多要依据商品的差异性和市场变化因素。如果商品进入一个新的平台，可以参照与销售商品十分近似的商品的售价试水，并不是比竞争对手低的价格才是最好的定价。在与同行的同类商品竞争时，最重要的是不断培育自己所售商品的新卖点，培育新的顾客群，通过错位竞争和差别性的定价方法，找到商品最合理的价格定位。

> **案例 1**
>
> 小明整理数据后发现全球速卖通上指尖陀螺销量最高的店铺销售了 640042 件 [最小订单量（Minimum order Quantity，MOQ）为 30 件]，价格范围为 1.94～1.68 美元；销量第二高的店铺销售了 621100 件（MOQ 为 50 件），价格范围为 0.62～1.01 美元……在此基础上，小明得出前十家店铺的最低定价为 0.62 美元，最高价格为 7.84 美元，MOQ 为 30～65 件。根据现有卖家的定价，小明将指尖陀螺的定价范围初步框定在 0.62～7.84 美元。

（三）需求导向定价法

需求导向定价法是指企业在定价时不再以成本为基础，而是以消费者对商品价值的理解和需求强度为依据来确定商品的价格。原则上，需求导向定价法要求确定消费者对于各种不同的商品感受的价值是多少，然而这很难衡量。消费者对商品的感受价值主要是通过询问在不同时间及场合，消费者愿意为商品付出的最高价格，也就是通过人员访谈或问卷调查的方式来获取相关信息

成本导向定价法、竞争导向定价法和需求导向定价法三者在简便性、风险性、投机性和前期投入上有很大的差异，但都有其自身存在的价值，可适用于不同的商品定价。在现实

中,我们不能拘泥于一种定价方法,要结合实际情况,采用多种定价方法,这样才能使商品价格更适应市场。

训练项目

1. 熟悉全球速卖通平台选品规则,了解婚纱品类的品牌,调研婚纱行业有哪些违禁商品?
2. 选品的注意事项有哪些?可以通过哪些方法来选品?
3. 定价方法有哪些?可以通过哪些方法对商品进行合理的定价?

项目小结

项目一对跨境电子商务的概念、主要模式、发展现状及趋势、相关政策进行了介绍;以全球速卖通为例,介绍了全球速卖通平台的注册规则、发布规则、交易规则、放款规则、卖家保护政策;对跨境电子商务的搜索排序及跨境电子商务商品选择进行了详细的分析;在介绍苏州某信息科技有限公司的返校礼服选品与定价流程的基础上,进一步阐述了跨境电子商务选品的方法、商品的价格影响因素及商品的定价策略。

扫码了解
本项目微课视频

项目二 平台开店

知识目标

掌握全球速卖通店铺的入驻要求,了解全球速卖通账号设置流程;
掌握全球速卖通网店的装修技巧,熟悉网店首页的装修布局,熟悉装修工具;
掌握详情页的设计技巧,熟悉商品详情页的装修方法。

技能目标

会设置全球速卖通账号并开设全球速卖通网店;
能熟练使用图片处理工具装修店铺;
熟悉店铺所售商品,能熟练使用工具设计商品详情页。

项目导入

全球速卖通是英文在线购物网站,拥有众多的用户,被广大卖家称为"国际版淘宝"。苏州某信息科技有限公司于 2012 年开始在全球速卖通开设店铺(如图 2-1 所示),2013 年已跻身全球速卖通婚纱礼服行业销售业绩前三名,到 2023 年 12 月,已经在全球速卖通平台开设 14 家店铺,单店铺粉丝近 3 万人。公司品牌 babyonlinedress 已经在国内和国际拥有极高的知名度和良好的美誉度,产品已远销全球 200 多个国家和地区。公司产品得到国内外消费者的青睐,与公司良好的店铺视觉营销和专业的团队运营是分不开的。

图 2-1 苏州某信息科技有限公司在全球速卖通的网店页面

任务一 开通店铺

任务导入

目前,苏州某信息科技有限公司已在全球速卖通平台上开设了 14 家婚纱礼服定制店铺,随着欧美市场对婚纱礼服定制需求的增长,公司负责人苏绣决定加大对欧美市场的开拓力度,并由全球速卖通平台电商运营部主管小李所在的部门负责在全球速卖通平台上再开设一家主要面向欧美市场的店铺。

项目二 平台开店

任务流程

第一步：注册全球速卖通账号

要开设店铺首先要注册成为全球速卖通会员，注册步骤如下：

（1）打开全球速卖通官网，单击"在速卖通上出售"，选择"中国卖家入驻"选项，如图2-2所示。

图2-2 全球速卖通官网入驻

（2）在弹出的页面中单击"注册"按钮，填写账号相关信息，完成注册，如图2-3所示。

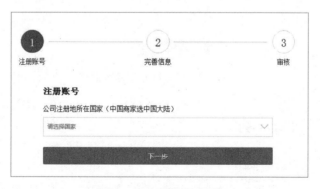

图2-3 注册账号页面

（3）验证邮箱：拖动"请按住滑块，拖动到最右边"按钮进行验证，勾选"创建网站账号的同时，我同意"，单击"下一步"按钮，会进入邮箱验证页面（如图2-4所示）。进入邮箱中查看邮件正文，单击"完成注册"按钮。

（4）填写账号信息：依次填写"登录密码""密码确认""英文姓名""手机号码""联系地址""在线经验"，填写完毕之后单击"确认"按钮（如图2-5所示）后，会跳转至"恭喜您注册成功！"页面（如图2-6所示），账号注册成功。

37

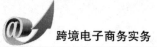

图 2-4　邮箱验证页面

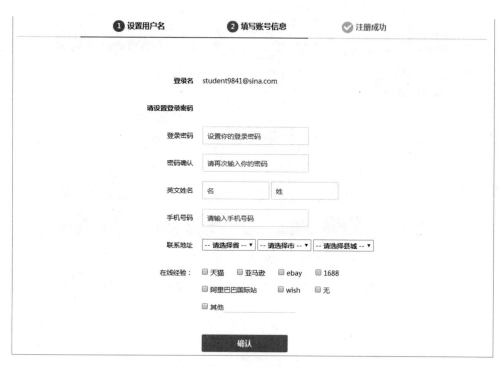

图 2-5　填写账号信息页面

图 2-6　账号注册成功页面

（5）实名认证：按 Enter 键确认注册，进入实名认证页面（如图 2-7 所示），选择认证方式。

图 2-7　实名认证页面

选定合适的认证方式后，单击"去认证"按钮，进入支付宝登录页面（如图 2-8 所示），输入支付宝账号及密码后，单击"登录"按钮。

图 2-8　登录支付宝页面

确认信息无误，提交认证，系统将提示认证是否成功，身份实名认证成功提示如图 2-9 所示。

图 2-9　身份实名认证成功提示页面

（6）补全个人真实信息：认证完成后，需要进一步补全个人真实信息，信息填写页面如

图 2-10 所示,信息填写完成后单击"提交审核"按钮。

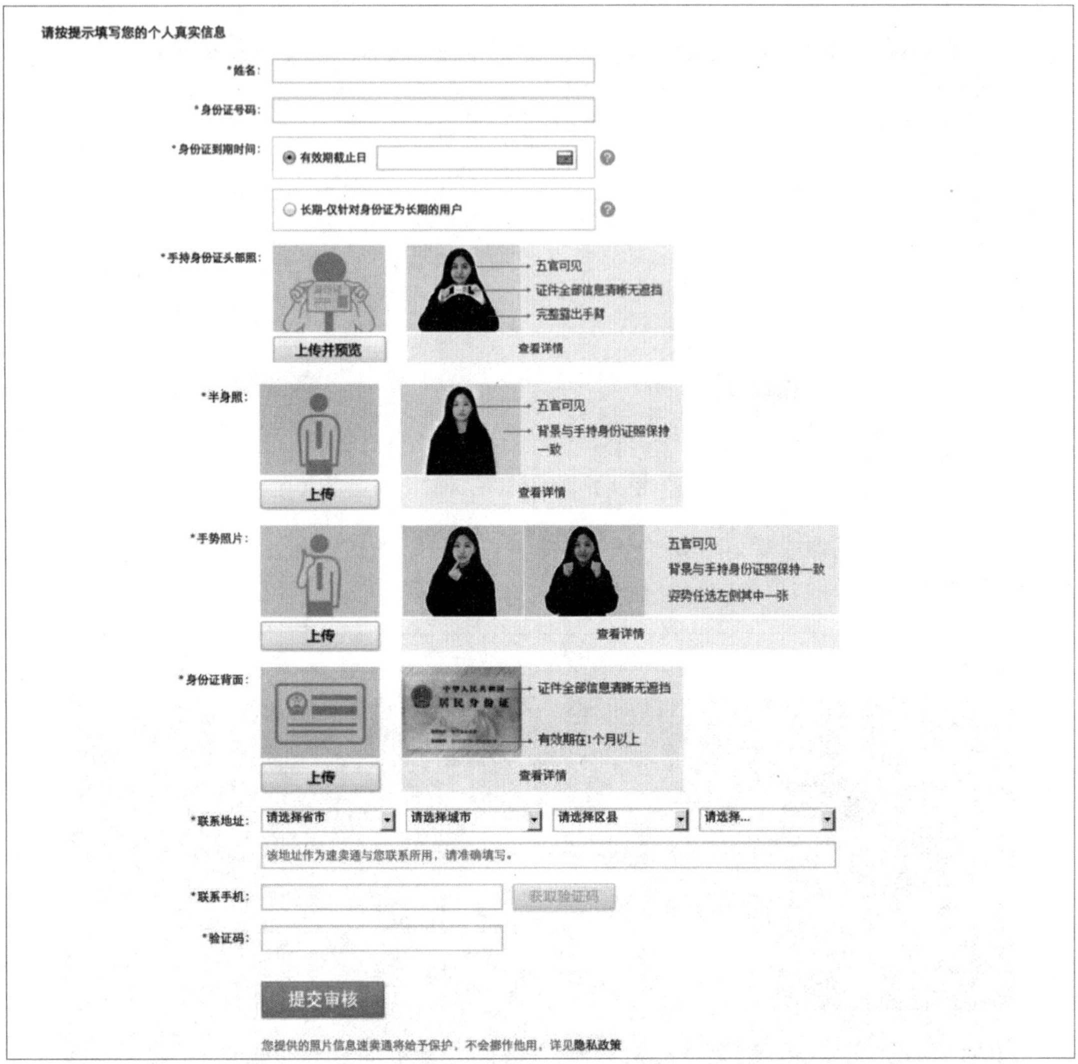

图 2-10 个人真实信息填写页面

第二步：类目准入

店铺开通后就可以选择店铺类目进行类目准入,具体操作流程如下：

(1) 登录全球速卖通后台,输入账号和密码,单击"Sign In"按钮,如图 2-11 所示。

(2) 单击"账号及认证"后,再单击"账号及认证"下的"类目招商准入",然后单击"我要入驻"按钮,如图 2-12 所示。

(3) 根据自己经营的需要,选择对应的经营大类及类目,单击"立即申请"按钮,如图 2-13 所示。

(4) 签署行业类目服务准入协议。勾选"我已阅读所有协议内容,我同意该协议所有内容",单击"同意并签署"按钮,如图 2-14 所示。

(5) 缴纳年费。在缴纳年费页面,单击"前往支付"按钮完成年费缴纳,如图 2-15 所示。

图 2-11　全球速卖通登录窗口

图 2-12　行业类目招商准入页面

图 2-13　选择经营大类

图 2-14 签署线上协议

图 2-15 缴纳年费页面

（6）完善店铺信息。完成年费缴纳后,进入卖家后台,单击"店铺"选项后,再单击"商铺管理"下的"店铺资产管理",可设置店铺类型、店铺头像、店铺名称和二级域名,如图 2-16 所示。

第三步：品牌授权

品牌授权具体操作流程如下。

（1）进入卖家后台,单击"账号及认证"选项后,再单击"品牌商标"下的"商标添加（添加平台没有的商标）",如图 2-17 所示。

（2）进入品牌申请页面,依次填写品牌名、商标注册号/申请号,上传商标注册证/受理通知书,填写品牌所有人和所属类目等信息,完成后单击"提交"按钮,如图 2-18 所示。

（3）申请品牌授权。单击"品牌商标"下的"我的申请",在"主营品牌"后的文本框中输入添加的品牌名,单击"查看品牌"按钮,如图 2-19 所示。

项目二 平台开店

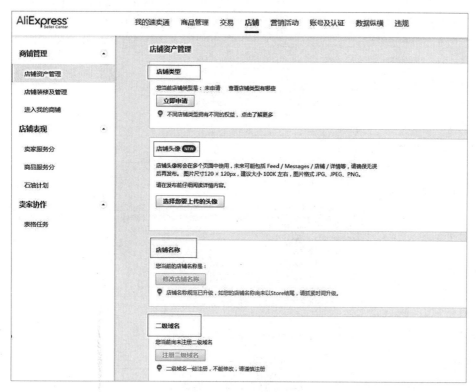

图 2-16 完善店铺信息页面

图 2-17 点击"商标添加(添加平台没有的商标)"

图 2-18 品牌申请页面

图 2-19 申请品牌授权页面

(4)提交商标资质申请资料,完成后单击"提交"按钮,如图2-20所示。

图 2-20 提交相关资质

提交完成后跳转至如图 2-21 所示的页面。平台将在 7 个工作日完成审核,审核完成后会以站内信方式通知卖家。

图 2-21 资料已提交提示页面

第四步:商品发布

完成以上操作,相关审核均通过后就可以发布商品了,以返校礼服为例,商品发布步骤如下。

(1)登录卖家后台,先单击顶部导航栏中的"商品"选项,再单击左侧导航栏中"商品"下的"发布商品",如图 2-22 所示。

图 2-22 发布商品入口页面

(2)填写商品基本信息。① 选择发布语系;② 填写商品标题;③ 选择类目,选择"婚礼及重要场合"—"特殊场合服装"—"同学会礼服",单击"确定"按钮(如图 2-23 所示);④ 上传商品图片(如图 2-24 所示)。⑤ 填写产品属性,如品牌、是否实拍图等必填属性,还可以添加自定义属性(如图 2-25 所示)。

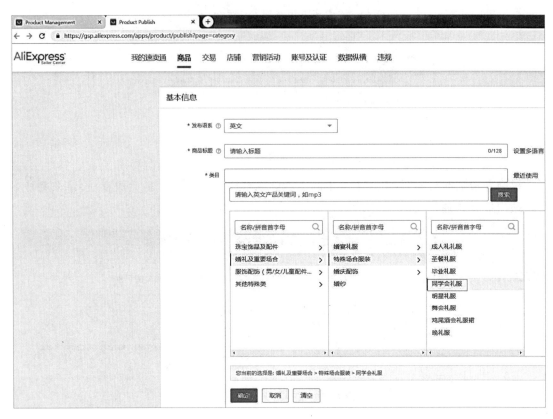

图 2-23　选择类目

图 2-24　上传商品图片

项目二 平台开店

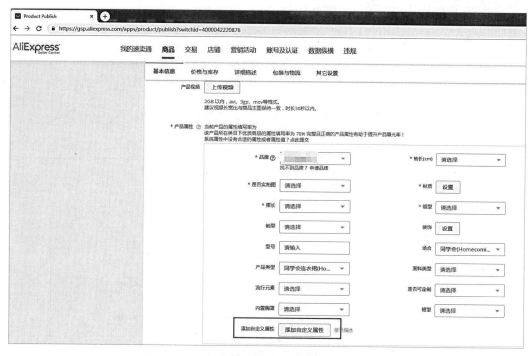

图 2-25 填写产品属性

(3) 设置价格与库存。选择商品的最小计量单元、销售方式、颜色、发货地等(如图 2-26 所示)。

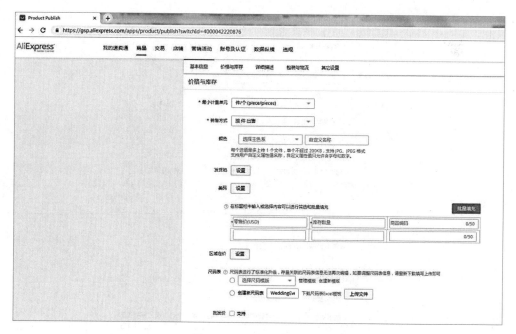

图 2-26 设置价格与库存

（4）填写详情描述（如图 2-27 所示）。

图 2-27　填写详情描述

（5）设置包装与物流信息（如图 2-28 所示）。

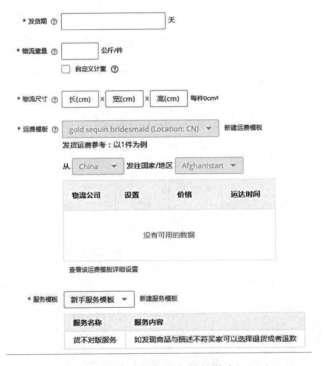

图 2-28　设置包装与物流信息

（6）填写其他设置，如商品分组、库存扣减方式等（如图2-29所示）。

图 2-29　其他设置

（7）完成发布。以上信息都填写完成后，单击"提交"按钮，如果信息都填写正确，那么系统会出现如图2-30所示的提示页面。

图 2-30　商品发布成功提示

相关知识

一、全球速卖通店铺入驻要求

企业或个体工商户均可在全球速卖通开店。平台目前有标准销售计划和基础销售计划供卖家选择，个体工商户卖家在入驻初期时仅可选择基础销售计划。

全球速卖通店铺入驻具体要求如下：
（1）需要企业营业执照（目前个体工商户也可入驻）。
（2）卖家必须要有1个支付宝账号。
（3）卖家若拥有或代理品牌，可根据品牌资质，选择开设官方店、专卖店或专营店。全球速卖通仅部分类目必须拥有商标。

(4)卖家须缴纳技术服务年费,各经营大类技术服务年费不同,经营到自然年年底时,拥有良好的服务质量及不断壮大经营规模的优质店铺将有机会获得技术服务年费返还奖励。

二、账号设置

(一)资料准备

在正式注册账号前,必须准备好以下资料和设备:
(1)专用的电子邮箱,要求安全可靠,能够长期使用。
(2)专用的手机和手机号码,能够长期使用。
(3)个人有效身份证件。
(4)数码相机或高像素手机,用来拍摄认证照片。
准备好以上资料和设备就可以进行账号开户操作。

(二)账号注册

1. 输入邮箱

在账号注册时,需要输入电子邮箱,在全球速卖通平台的订单等信息都将以邮件的形式发送到注册邮箱,所以在注册时务必填写常用且准确的邮箱地址。

2. 填写行业、经验模式和在线经验信息

在账号注册时,要准确地填写行业、经验模式和在线经验信息,这样将获得平台为卖家量身定制的培养方案,更加有利于店铺的发展。

3. 认证

如果支付宝认证失败,那么系统会提示如图 2-31 所示的信息。如果出现以上提示,那么卖家要先去支付宝页面完成支付宝认证,或者使用其他的支付宝账号进行实名认证。

图 2-31 "速卖通实名认证失败!"提示页面

若通过了支付宝实名认证,则要核对认证信息是否有误,如图 2-32 所示。如果此信息有误,那么卖家应登录支付宝页面修改相关信息;如果确认信息无误,那么单击"提交认证"按钮后系统将会提示"身份实名认证成功!"(如图 2-33 所示),卖家可按提示填写个人真实信息。

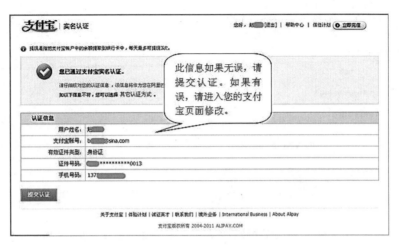

图 2-32　支付宝认证页面

图 2-33　"身份实名认证成功!"提示页面

如果提交的个人信息未通过审核,系统会告知原因(如图 2-34 所示),卖家可重新填写。

图 2-34 "您上传的资料未通过审核,请重新上传。"提示页面

如果个人信息审核通过了,会出现如图 2-35 所示的页面,卖家可通过单击"前往我的速卖通"按钮登录平台。

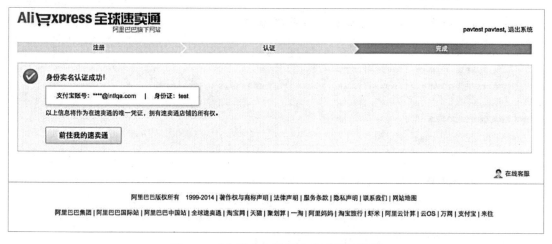

图 2-35 "身份实名认证成功!"提示页面

4. 缴纳年费

通过审核当天起 30 天内要完成缴费,超过 30 天没缴费就要重新提交。

5. 商标资质申请

商标资质申请的流程如图 2-36 所示。

图 2-36 商标资质申请流程

三、商品发布

（一）全球速卖通商品发布规则

（1）选择标准销售计划的店铺，店铺内在线商品数量上限为 3000 个；选择基础销售计划的店铺，店铺内在线商品数量上限为 300 个；特殊类目下每个类目在线商品数量上限为 5 个。平台保留为行业发展、消费者利益而调整可发布商品数的权利。

（2）如实描述商品及保障所售商品质量是卖家的基本义务。如实描述商品是指卖家在商品描述页面等所有全球速卖通提供的商品展示渠道中，应当对商品的基本属性、成色、瑕疵等必须说明的信息进行真实、完整描述。

（3）卖家应保证其出售的商品在进口国法律规定的合理期限内可以正常使用，包括商品不存在危及人身财产安全的危险、具备商品应当具备的使用性能、符合商品或其包装上注明采用的标准等。

（二）商品发布注意事项

（1）商品标题。① 建议 128 个字符，单词首字母大写，核心关键词尽量往前放。② 商品的属性关键词有很多，在撰写标题时，应当将这些属性关键词融合到其中，并尽可能使属性关键词与买家搜索的关键词匹配，从而提高店铺的流量。③ 一个好的标题需包含的内容为：商品名称、商品所属店铺名称/品牌名称、同一商品的别称、商品价格和商品必要的说明。④ 避开竞争很大的关键词，多使用长尾关键词和商品属性吻合度高的关键词。

（2）填写商品属性时建议填写 10 个，既可以对属性进行补充，也可以布局关键词。

（3）商品图片添加 6 张，5M 以内，JPG/JPEG 格式，横向与纵向比例 1∶1（像素大于 800×800）。

（4）设置价格与库存时，可选择"最小计量单元"为件/个；销售方式可选择按件出售或者打包出售；零售价和库存数量可以批量填充；可以针对不同区域设置定价；可以设置批发价，有利于吸引大额订单。

（5）商品详情页可以由七大要素构成：关联营销、店铺优势、商品规格、实拍图片、公司资质、售后模板和买家晒图。卖家可以通过旧版编辑器来完成商品详情页设置。

（6）针对不同的商品，可选择不同的运费模板。在填写包装与物流时，一定要填写准确的发货日期、物流重量、尺寸，以免造成物流方面的损失。

（7）其他设置选择与商品对应的商品分组，库存扣减方式建议选"下单减库存"。

实训任务

1. 请进入全球速卖通论坛、雨果网、福步外贸论坛、知乎、百度贴吧，学习全球速卖通卖家分享的开店注意事项、开店思路、开店经验等，为开设店铺做好准备。

2. 进入全球速卖通平台，深入了解并尝试店铺后台的每一项功能。

任务二 装修店铺

任务导入

想经营好一个店铺，不仅需要专业的运营团队，店铺装修也是关键。苏州某信息科技有限公司全球速卖通平台电商运营部主管小李，为了加大国外市场的开拓力度，在全球速卖通又开设了一家面向欧美市场的店铺。店铺开设好后，小李在对欧美市场的消费者喜爱的网页风格调研的基础上对店铺进行了装修。

任务流程

第一步：添加装修模块

（1）登录全球速卖通，进入卖家后台，单击"店铺"选项后，再单击"商铺管理"下的"店铺装修及管理"，进入如图2-37所示的页面。

图2-37 "店铺装修及管理"页面

(2) 在"PC 店铺"选项下单击"进入装修"按钮,进入如图 2-38 所示的页面。

图 2-38　店铺装修页面

(3) 单击如图 2-38 所示页面中的"新增页面",进入如图 2-39 所示的页面,在该页面中可自定义页面名称,并可使用多语言填写,填写完成后单击"下一步"按钮。

图 2-39　新增页面

(4) 在如图 2-40 所示的页面中选择页面模板后,单击"创建"按钮,即完成了页面的创建。

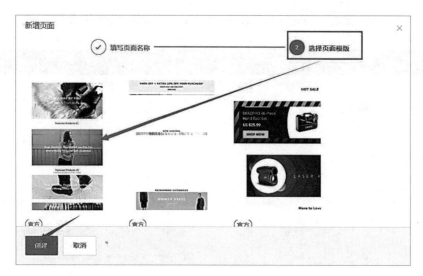

图 2-40　选择页面模板

第二步：页面装修

页面创建完成后，开始对其进行装修。

（1）添加店铺招牌图片。单击如图 2-41 所示的页面右侧的"店铺招牌"后，再单击"添加图片"，图片上传完成后单击"保存"按钮。

图 2-41　添加店铺招牌图片

（2）编辑店铺导航。单击如图 2-42 所示的页面右侧的"店铺导航"并添加导航名称，完成后单击"保存"按钮。

图 2-42　增加店铺导航

(3)添加轮播图。具体操作步骤如下：

① 选中如图2-43所示页面左侧的"轮播图"模块，将其拖至右侧空白区域。

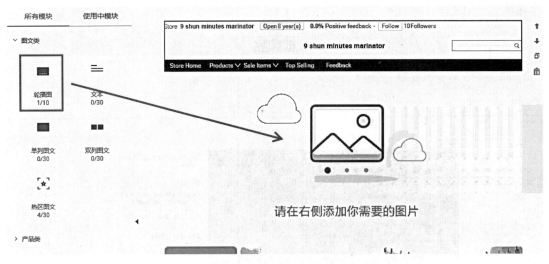

图2-43　添加轮播图模块

② 单击如图2-44所示的页面右侧的"上传图片"按钮，在跳转的页面（如图2-45所示）中单击"从文件中选择"按钮，从本地电脑中选择图片上传。

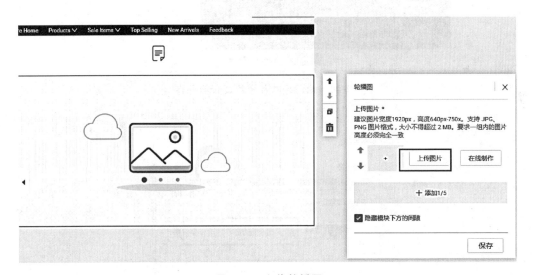

图2-44　上传轮播图

③ 如果上传的本地图片尺寸大于轮播图的尺寸要求，可以对其进行裁切，也可以进行图片旋转与翻转（如图2-46所示），完成后单击"确定并保存"按钮；如果上传的本地图片不需要进行裁切，可以单击"跳过裁切"按钮。

④ 添加轮播图链接，如图2-47所示，添加完成后单击"保存"按钮。

图 2-45 上传文件

图 2-46 裁切尺寸及图片旋转与翻转

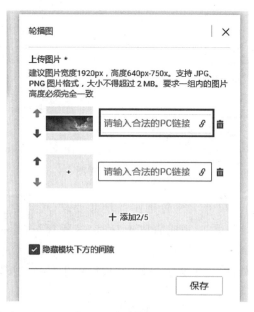

图 2-47 添加轮播图链接

（4）装修热区模块，将热区模块添加到右边空白处，单击"上传图片"按钮可以添加热区图片，如图 2-48 所示。

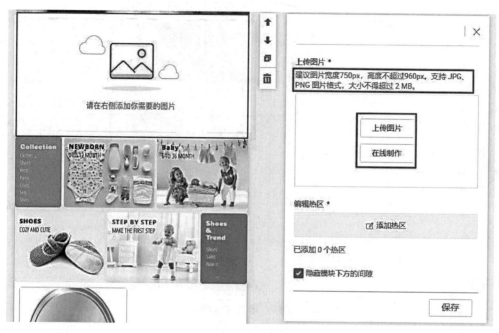

图 2-48　增加热区模块

（5）装修图文模块。将如图 2-49 所示的页面左侧的"单列图文"模块拖至右侧空白处，添加图文内容和链接后单击"保存"按钮。

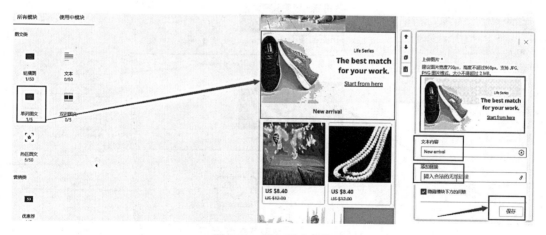

图 2-49　增加图文模块

（6）装修文本模块。将如图 2-50 所示的页面左侧的"文本"模块拖至右侧空白处，添加文本内容和链接后单击"保存"按钮。

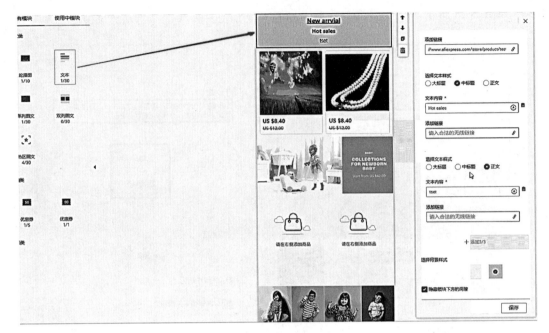

图 2-50 增加文本模块

（7）装修产品列表。将如图 2-51 所示的页面左侧的"产品列表"模块拖至右侧空白处，添加产品列表主标题、副标题，选择产品方式、产品分组、排序方式后，单击"保存"按钮。

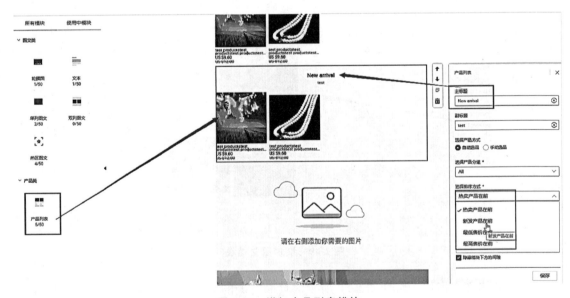

图 2-51 增加产品列表模块

项目二 平台开店

相关知识

一、店铺装修美工基础

（一）认识 Photoshop CS5 工作界面

启动 Photoshop CS5 后，将打开其工作界面，Photoshop CS5 的工作界面主要由菜单栏、工具栏、属性栏、面板组、图像窗口、状态栏组成（如图 2-52 所示）。

图 2-52　Photoshop CS5 工作界面

在 Photoshop CS5 中制作文件，首先需要新建一个空白文件。执行"文件"—"新建"菜单命令或按 Ctrl＋N 快捷键，打开"新建"对话框（如图 2-53 所示），进行空白文件的创建。

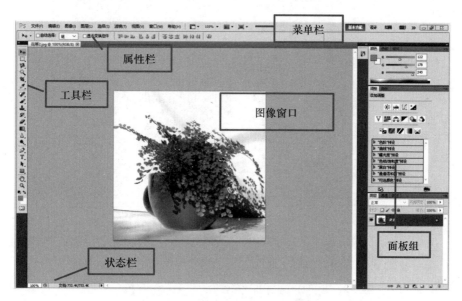

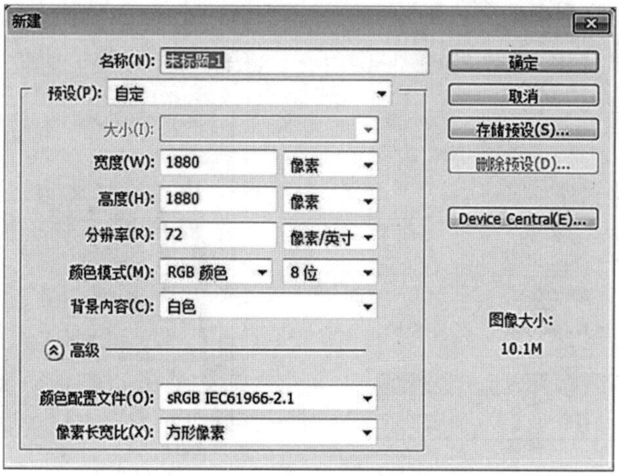

图 2-53　"新建"对话框

执行"文件"—"存储"菜单命令,打开"存储为"对话框,在"保存在"下拉列表框中选择存储文件的位置,在"文件名"文本框中输入存储文件的名称,在"格式"下拉列表框中选择存储文件的格式,如图 2-54 所示。

图 2-54 "存储为"对话框

(二)使用辅助工具

1. 标尺

执行"视图"—"标尺"菜单命令或按 Ctrl+R 快捷键,即可在图像文件左侧边缘和顶部显示或隐藏标尺,通过标尺可查看图像的宽度和高度,如图 2-55 所示。

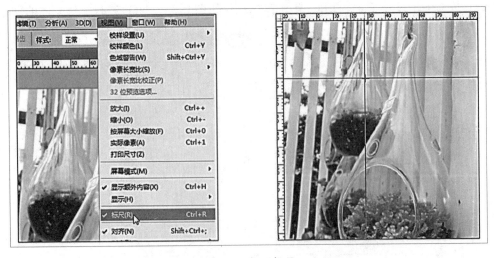

图 2-55 打开标尺

2. 网格

执行"视图"—"显示"—"网格"菜单命令或按 Ctrl+'快捷键,可以在图像窗口中显示或隐藏网格线,如图 2-56 所示。

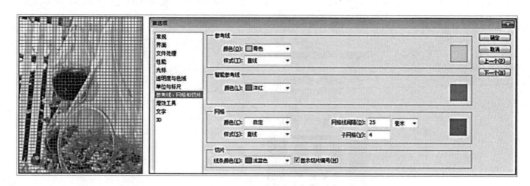

图 2-56　显示或隐藏网格线

3. 参考线

执行"视图"—"新建参考线"菜单命令,打开"新建参考线"对话框(如图 2-57 所示),在"取向"栏中选择参考线类型,在"位置"文本框中输入参考线的位置,单击"确定"按钮即可在相应位置创建一条参考线。

图 2-57　"新建参考线"对话框

4. 自动对齐

执行"视图"—"对齐"菜单命令,使该命令处于勾选状态,然后在"视图"—"对齐到"菜单命令的子菜单中选择一个对齐项目,如图 2-58 所示。

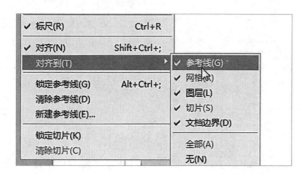

图 2-58　"对齐到"下拉菜单

二、店铺页面布局

首页设计对于任何一个店铺来说都很重要,全球速卖通店铺的首页主要包括店铺招牌、促销广告大图、促销活动或商品推荐、产品分类、商品陈列区、页尾等(店铺首页页面布局如图 2-59 所示)。

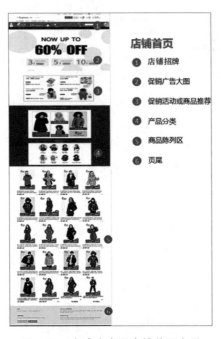

图 2-59　全球速卖通店铺首页布局

网店装修的页面不一定要制作得非常华丽,但一定要能引起买家的注意。无论是设计首页还是商品详情页,都要把握好页面的整体布局。为了突出商品的特征,可以将一些希望强调的图像放大并布局在显眼的位置,效果会更加理想。常见的详情页布局有中间对齐、对角线排列、棋盘式、左对齐、对称型等多种形式。

(一)中间对齐页面布局

中间对齐页面布局(如图 2-60 所示)形式可以更好地吸引买家视线,但会显得整体页面比较狭窄。采用这种页面布局方式时,可以通过调整图像尺寸将留白的作用发挥出来,从而清除沉闷、狭窄之感,产生安静、稳定的感觉。

(二)对角线排列页面布局

对角线排列页面布局(如图 2-61 所示)形式适合展现自由、奔放的动态之感,并会形成自然的 Z 形视觉牵引效果,给人一种清爽、利落的感觉。

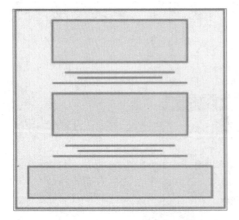

图 2-60　中间对齐页面布局

图 2-61 对角线排列页面布局

(三)棋盘式页面布局

棋盘式页面布局(如图 2-62 所示)形式就是将图像按棋盘表面的方格样式进行布局,把众多的图像一次性展示给买家。这种布局方式适合用于展示商品的各个细节部分,能将众多的图像集合为视觉上的一个整体,给人一种统一感,使买家的视线集中到一处。

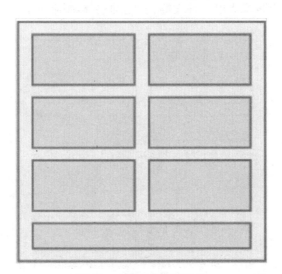

图 2-62 棋盘式页面布局

(四)左对齐页面布局

左对齐页面布局(如图 2-63 所示)形式适合有顺序之分的内容,如商品使用的说明、商品的制作过程等。

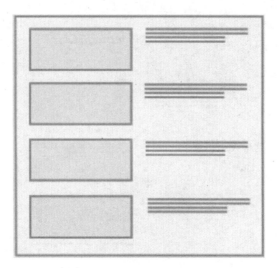

图 2-63　左对齐页面布局

（五）对称型页面布局

对称型页面布局（如图 2-64 所示）形式是画面的横向或纵向以中心线为轴,将页面组成要素按照彼此相对的方式进行两侧布局。在对称型页面布局中,即使两侧的组成要素不是按照完全相同的尺寸和排列方式来进行的,但只要两侧的空间宽度相同,就可以体现出对称的效果,这种布局形式能够营造出一种文静、安定的整体氛围。

图 2-64　对称型页面布局

三、店铺装修技能

由于拍摄环境、器材及拍摄水平等条件的限制,网店装修的商品图片往往是不能直接使用的。我们需要对图片尺寸、构图、水印、色差、影调等进行调整和编辑,在完成这些基本操作后,可能还要根据实际需要进行抠图、添加文字等工作。

（一）裁图

1. 调整图片大小

在 Photoshop CS5 中，执行"图像"—"图像大小"菜单命令可以调整商品图片的尺寸，具体方法为：在 Photoshop CS5 中打开一张商品图片，执行"图像"—"图像大小"菜单命令（如图 2-65 所示），在弹出的"图像大小"对话框（如图 2-66 所示）中可以设置图像的宽度、高度和分辨率等参数，调整好后单击"确定"按钮。

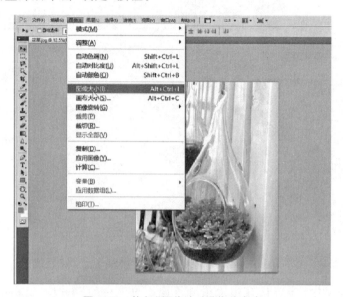

图 2-65　执行"图像大小"菜单命令

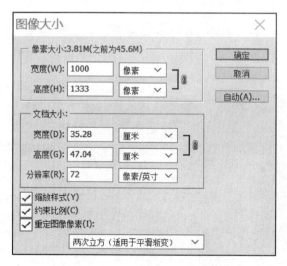

图 2-66　"图像大小"对话框

2. 裁剪图像

使用 Photoshop CS5 中的"裁剪"命令可以快速裁剪图片中多余的部分，以达到使图片的构图更完美的目的。

打开需要裁剪的图片,单击工具栏中的裁剪工具,按住鼠标左键并拖动裁剪框的边线,调整裁剪框的大小(如图 2-67 所示),按 Enter 键确认裁剪。

图 2-67　裁剪工具示例

3. 校正商品外形

在拍摄商品时,由于未掌握好拍摄角度等原因可能会使图片中的商品外形出现畸形等现象,在 Photoshop CS5 中可以使用透视裁剪工具校正商品外形,让图片中的商品恢复正常的透视效果。

打开变形的商品图片,单击工具栏中的透视裁剪工具,按住鼠标左键并拖动裁剪框选出裁剪区域,拖动裁剪框顶点调整透视角度(如图 2-68 所示),按 Enter 键确认透视校正效果。

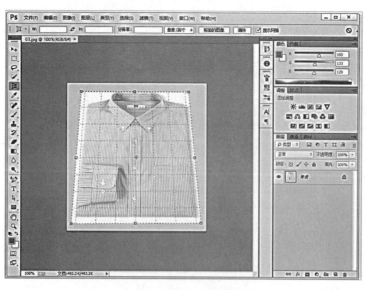

图 2-68　透视裁剪工具示例

(二)抠图

1. 快速抠取单色背景图片

如果商品图片的背景是纯色且商品的颜色和背景的颜色色彩差异很大,可以使用Photoshop CS5中的快速选择工具和魔棒工具将图片中的商品部分快速抠取出来。

(1)快速选择工具

打开一张纯色背景的商品图片,单击工具栏中的快速选择工具,并设置快速选择工具的大小等参数(如图2-69所示),然后将鼠标指针定位到商品图片的背景上按住鼠标左键并拖动,鼠标拖动过的范围会自动创建选区(如图2-70所示)。按Shift+Ctrl+I快捷键可以反选选区,单击"图层"—"新建"—"通过拷贝的图层"(如图2-71所示)即可将选区复制为新图层,商品部分的图像就被抠取出来了。

图 2-69　设置快速选择工具参数

图 2-70　自动创建选区

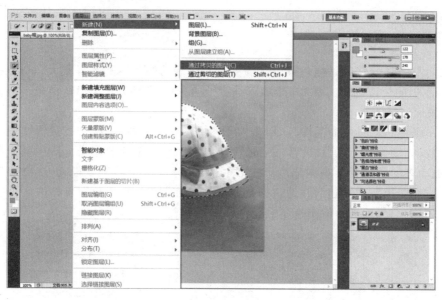

图 2-71　复制图层

图 2-72　魔棒工具

（2）魔棒工具

魔棒工具用于选择与图像颜色相似的不规则区域，魔棒工具的选区操作比快速选择工具更加便捷，只需要在选区的位置单击即可创建选区。

打开商品图片，单击工具栏中的魔棒工具（如图 2-72 所示），设置容差为 20，单击"添加到选区"按钮，在背景上单击，即可选中与单击位置色彩相似的图像（如图 2-73 所示）。按 Shift＋Ctrl＋I 快捷键将选区反选，单击"图层"—"新建"—"通过拷贝的图层"即可将商品部分的图像抠取出来。

图 2-73　选中与单击位置色彩相似的图像

2. 抠取规则的商品图片

（1）矩形选框工具

当商品的外形为矩形时，使用矩形选框工具可以快速将商品部分的图像抠取出来。

打开商品图片，单击工具栏中的矩形选框工具（如图 2-74 所示），然后在图像窗口中的适当位置按住鼠标左键并拖动绘制矩形选区，当选区完全包围需要抠取的图像后松开鼠标，即可创建矩形选区，将图像抠取出来。若想创建正方形选区，在拖动鼠标时按住 Shift 键即可。

（2）椭圆选框工具

椭圆选框工具的使用和矩形选框工具相似。若想创建正圆形选区，在拖动鼠标的同时按住 Shift 键即可。

图 2-74 选择矩形选框工具

（3）多边形套索工具

使用多边形套索工具可以快速完成对多边形商品对象的抠取。

打开商品图片，单击工具栏中的多边形套索工具（如图 2-75 所示），在商品对象的边缘单击确定选区起点，随后拖动鼠标指针至多边形外形轮廓的转角位置，此时再单击就会创建与起始位置相连的线段，用相同的方法依次单击直至使多边形终点和起点闭合，即可创建一个闭合的多边形选区（如图 2-76 所示），将选区复制到新图层就可将商品部分的图像抠取出来。

（4）磁性套索工具

对于抠取一些边缘轮廓清晰但形状不规则的商品图像，用磁性套索工具更合适。

打开商品图片，单击工具栏中的磁性套索工具（如图 2-77 所示），设置频率等参数，单击商品对象的边缘确定选区起点,沿着商品对象的边缘拖动鼠标,Photoshop CS5 会自动根据鼠标移动的轨迹贴合对象的边缘创建带有锚点的路径,当鼠标指针回到起点位置时再次单击,即可创建一个闭合的选区(如图 2-78 所示),将选区复制到新图层就可将商品部分的图像抠取出来。

图 2-75　选择多边形套索工具

图 2-76　创建一个闭合的多边形选区

项目二 平台开店

图 2-77 选择磁性套索工具

图 2-78 创建一个闭合的选区

（三）修图

对商品图片进行裁剪和重新构图后，为了让图片看起来更加精美，还需要经过修图来清除图片中的瑕疵、水印等。Photoshop CS5 中的仿制图章工具、修补工具、修复画笔工具等都可以去除图片中的瑕疵或水印。

打开需要去除瑕疵或水印的图片，单击工具栏中的仿制图章工具或修复画笔工具（如图

2-79所示),按住 Alt 键的同时单击图片中无水印的区域,然后在需要修补水印的区域按住鼠标左键并拖动进行仿制,这样就可以去除水印了。

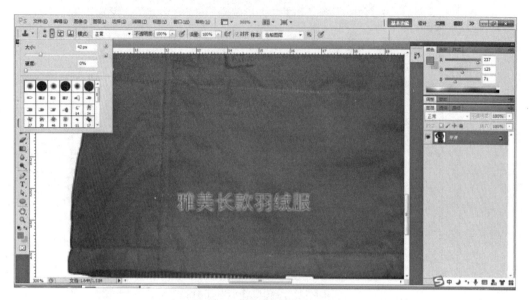

图 2-79　选择仿制图章工具

打开需要去除瑕疵或水印的图片,单击工具栏中的修补工具,按住鼠标左键并拖动画出需要修补的区域(如图 2-80 所示),选中需要修补的区域并将其移动到无水印的区域,就可以替换需要修补的区域(如图 2-81 所示)。

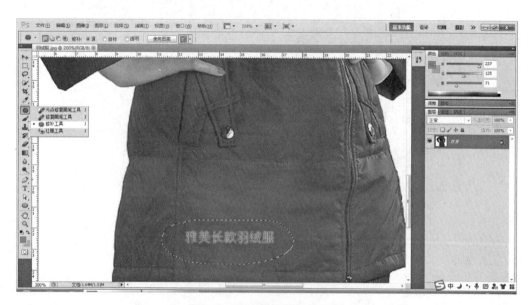

图 2-80　画出需要修补的区域

项目二 平台开店

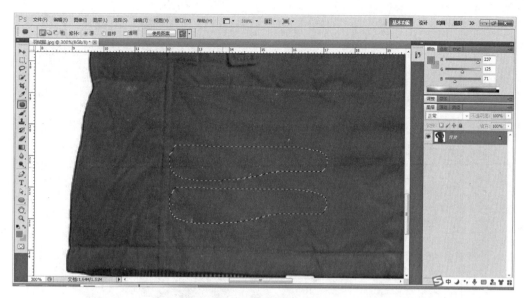

图 2-81 替换需要修补的区域

（四）调色

在拍摄商品时，可能会因为不合适的光线、曝光或白平衡等造成拍出的商品图片色调不理想或存在偏色等情况，这时可以用 Photoshop CS5 中的"曝光度""色阶""曲线""色相/饱和度"等菜单命令调整商品图片的色彩。

打开需要调色的图片，执行"图像"—"调整"—"色相/饱和度"菜单命令（如图 2-82 所示），在"色相/饱和度"对话框中调整色相、饱和度等参数可以对商品图片进行调色及校正商品颜色（如图 2-83 所示）。

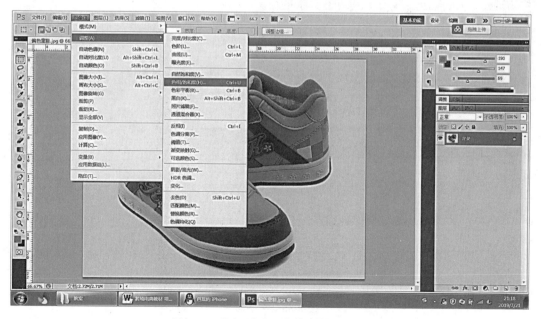

图 2-82 执行"色相/饱和度"菜单命令

75

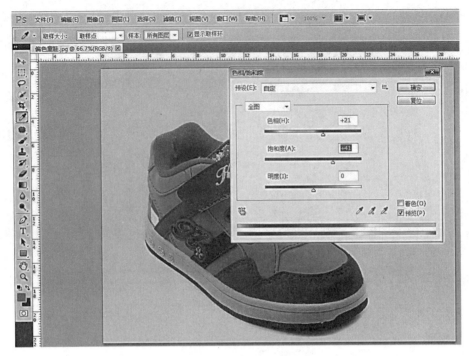

图 2-83 "色相/饱和度"对话框

(五)编辑文字

在 Photoshop CS5 中打开已处理好的商品图片,在工具栏中选择横排文字工具(如图 2-84 所示),在图片中需要添加文字的地方单击,在鼠标指针处输入文字。选中输入的文字,执行"窗口"—"字符"菜单命令打开字符面板,可以对选中的文字的相关属性进行设置(如图 2-85 所示),并可以使用移动工具调整文字的位置。

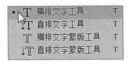

图 2-84 横排文字工具

图 2-85 文字面板

四、店铺装修

店铺装修包括三部分：PC端店铺装修、无线端店铺装修和品牌故事页装修。需要注意的是，PC端店铺页面装修与无线端店铺页面装修需要分别独立编辑，除初始模板模块构成相同外，增/减模块、调整顺序、模块填充均需独立进行。全球速卖通可以通过拖动的形式增加所需模块，如图2-86所示。

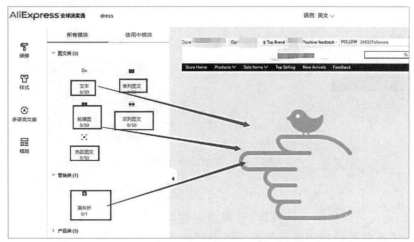

图2-86　全球速卖通装修模板页面

全球速卖通店铺页面模块可以分为图文类模块、产品类模块和预置模块。图文类模块包括轮播图、文本、单列图文、双列图文、热区图文，产品类模块包括产品列表，预置模块包括店铺招牌等。

所有模块均增加翻译工具和在线制图工具，如图2-87所示。

图2-87　单列图文模块展示

可以通过模块列表及模块右侧小工具（如图2-88所示）对模块进行更名、复制、删除、调整顺序等操作。

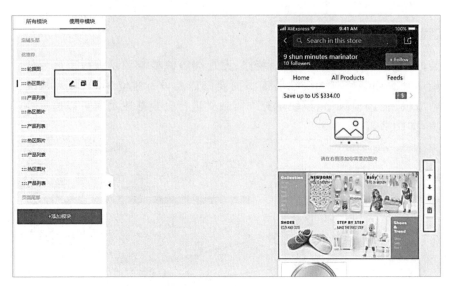

图 2-88　模块操作示意图

（一）店铺招牌的设计

店铺招牌是网店装修的默认模块，在页面编辑器预置。对任何页面的店铺招牌模块进行编辑后，店铺所有页面的店铺招牌都会同步更新。注意：仅 PC 端店铺的页面可以编辑店铺招牌导航。店铺招牌是用来展示店铺名称和形象的，可以由文字和图案组成，表现形式各式各样。因为顾客只有进入店铺之后才看得到店铺招牌，所以在设计网店的店铺招牌时要从留住顾客的角度考虑。

从下图你可以猜出该店铺卖什么吗？

店铺招牌案例

店铺招牌位于店铺页面的最顶端，好的店铺招牌通常采用标准的颜色和字体、简洁的版面设计，还包含精练、吸引力强的广告语，并且画面具备强烈的视觉冲击力，可以清晰地告诉买家店铺在卖什么，同时通过店铺招牌也可以对店铺的装修风格进行定位。

店铺招牌应包括店铺 Logo、店铺名称、品牌名称、简短的广告语和广告商品等。

（二）店铺轮播图设计

店铺轮播图（如图 2-89 所示）主要用于告知买家店铺某个时间段的广告商品或者促销活动，位于店铺导航条的下方位置。

全球速卖通店铺可以上传 1~5 张轮播图。PC 端图片尺寸：宽度 1920 像素，高度 640~750 像素；无线端图片尺寸：宽度 750 像素，高度自设，一般在 300~500 像素。通过模块右侧小工具可以对轮播图进行图片填充及顺序调整，所有图片高度默认以第一张图片高度为准。轮播图的图片链接必须是 aliexpress.com 域名下 https 协议的链接。

全球速卖通店铺轮播图根据设计的内容可以分为新品上架、店铺动态、活动预告等，不同的内容其设计的重点也不同。轮播图中的文字也非常重要。通常情况下，可以使用字号较大的文字来突出主要信息，同时搭配字号较小的文字来进行补充说明，并利用文字之间的组合编排来凸显艺术感。

图 2-89　店铺轮播图

在设计轮播图时用来搭配的图片不能太复杂，这样才能突出主题。同时，要采用符合店铺商品形象的文字，以避免产生凌乱的感觉。最好将文字放在图片的中心位置，以突出其内容信息。把商品放在图片两侧，加上协调的色彩搭配，营造出精致、时尚的氛围，重点表现商品的形象。对文字进行艺术化的编排，通过变形文字来增强文字的可读感和艺术性，而背景中的图像则以辅助修饰的方式呈现，使主题文字更加突出。

（三）装修热区模块

热区模块是一种图文结合的展示方式，买家点击热区可以链接到店铺内的其他页面。热区模块既支持在图片上添加链接（如图 2-90 所示），也可支持任意放大和缩小，通过热区工具可以一次性配置多个热区。成功添加链接后，可以对热区进行管理，如图 2-91 所示。

（四）图文模块

图文模块分为单列图文及双列图文，如图 2-92 所示。

图文模块图片数量最多 1 张，文本内容长度不限，链接要填写 aliexpress.com 域名下 https 协议的链接。

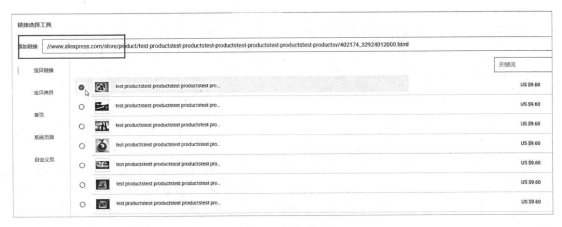

图 2-90　添加热区

图 2-91　热区管理

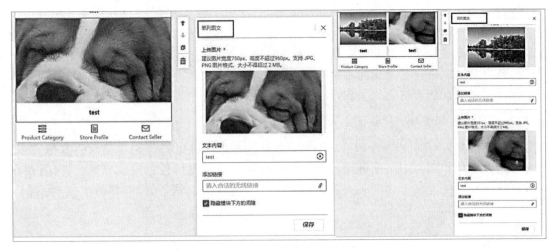

图 2-92　单列模块及双列模块

(五)文本模块

文本模块可以放 1~3 张图片,文本样式有大标题、中标题、正文,可以设置四种背景颜色,不可以添加链接。

(六)产品列表模块

产品列表模块可以展示 2~24 个商品,PC 端展示可以一排 4 个商品、一排 3 个商品或一排 2 个;无线端展示只可一排 2 个商品。产品列表支持自动选品和手动选品,支持分组选择商品,支持智能排序(热卖宝贝在前、新发宝贝在前、最低售价在前、最高售价在前)。

每次对页面进行任何编辑操作后都要注意保存,操作完毕在预览店铺页面后单击"发布"按钮;发布成功后,新店铺装修页面大约 5~10 分钟后生效。

实训任务

1. 进入全球速卖通卖家后台的"店铺装修及管理"模块了解店铺装修的每一项功能。
2. 了解并熟悉全球速卖通店铺装修设计的思路。
3. 找一个感兴趣的商品,设计拍摄脚本、撰写店铺装修文案。

任务三 详情页设计

任务导入

在平台上购物,买家一般是通过搜索页面浏览需要购买的商品,因此商品主图要能够吸引买家眼球。当买家点击主图进入详情页后,详情页展示的信息要让买家了解到他想了解的信息,并吸引他购买商品。详情页是提高转化率的入口,设计完美的详情页能激发买家的消费欲望,建立买家对店铺的信任,打消买家的消费疑虑,促使买家下单。详情页做得好可以提高访问深度、提高转化率、提高客单价,这也是影响店铺权重、排名和流量的三个因素。详情页由关联营销、店铺优势、产品规格、实拍图片、公司资质、售后模板、买家晒图七大模块组成。

苏州某信息科技有限公司全球速卖通平台电商运营部主管小李,在完成店铺装修后,接下来准备对店铺上架商品的详情页进行设计。

任务流程

第一步:添加关联营销

(1)设置产品信息模块。进入卖家后台,单击"商品管理"选项后,再单击"模块"下的"产品信息模块",并在"产品信息模块"页面中单击"新建模块"(如图 2-93 所示)。产品信息模块除了可以放置公共信息外,还可以放置关联产品、限时打折等信息。

图 2-93 产品信息模块

(2)在"模块类型"对话框中选择"关联产品模块"(如图 2-94 所示),选定后单击"继续"按钮。

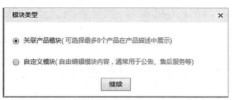

图 2-94 "模块类型"对话框

(3)在如图 2-95 所示页面中,填写"模块名称",并在"关联产品模块内容"下选择 8 个想推的商品,然后单击"提交"按钮。

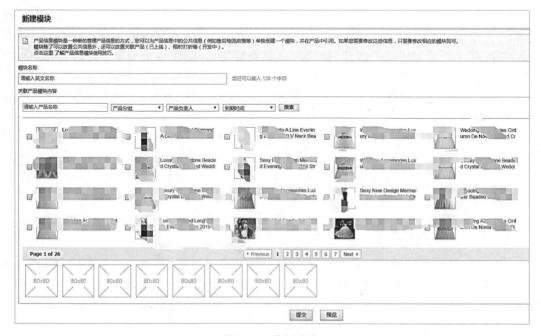

图 2-95 选择产品

(4) 在如图 2-96 所示的"详情描述"页面中单击"添加关联营销"。

图 2-96　添加关联营销

在如图 2-97 所示的页面中选择设置好的产品信息模块作为关联营销产品。

图 2-97　选择产品信息模块作为关联营销产品

关联营销效果展示，如图 2-98 所示。

图 2-98　关联营销效果展示

第二步：添加店铺优势

店铺优势可以展示能够促使买家购买的亮点，比如，可以通过图片展示的形式告诉买家海外仓有库存，他们购买商品后可以很快收到商品。

海外仓的前台展示如图 2-99 所示。

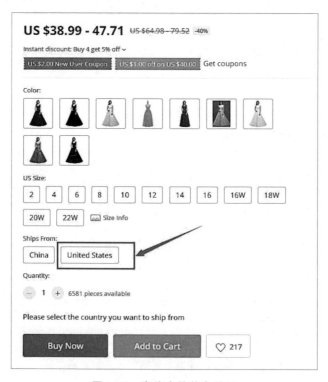

图 2-99　海外仓的前台展示

第三步：添加产品规格

产品规格包含产品的尺码、尺寸等。如图 2-100 所示的腰带，可以在图片上标示长度与宽度。

图 2-100　产品规格展示

如果是婚纱礼服，可以展示尺码表和测量图，如图 2-101 和 2-102 所示。

STANDARD SIZE	S		M		L		XL	
US SIZE	2	4	6	8	10	12	14	16
EUROPE SIZE	32	34	36	38	40	42	44	46
UK SIZE	6	8	10	12	14	16	18	20
	INCH	INCH	INCH	INCH	INCH	INCH	INCH	INCH
BUST	32½	33½	34½	35½	36½	38	39½	41
WAIST	25½	26½	27½	28½	29½	31	32½	34
HIPS	35¾	36¾	37¾	38¾	39¾	41¼	42¾	44¼
HOLLOW TO FLOOR	58	58	59	59	60	60	61	61
HEIGHT	63	63	65	65	67	67	69	69
	CM	CM	CM	CM	CM	CM	CM	CM
BUST	83	84	88	90	93	97	100	104
WAIST	65	68	70	72	75	79	83	86
HIPS	91	92	96	98	101	105	109	112
HOLLOW TO FLOOR	147	147	150	150	152	152	155	155
HEIGHT	160	160	165	165	170	170	175	175

⚠ Warm prompt: the size of physical tile actual measurement, by measuring different way there will be 2-4 cm error is normal phenomenon.

图 2-101　尺码表

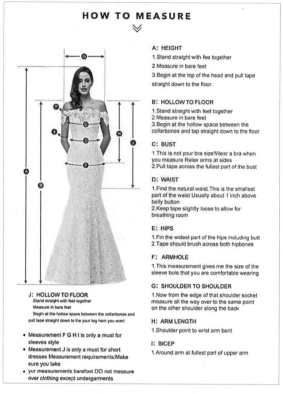

图 2-102　测量图

第四步：添加实拍图片

实拍图片能体现出产品的细节、模特拍摄效果、模特全景、不同颜色效果等，如图 2-103～2-105 所示；还可以在详情页展示试穿模特的身材数据，如图 2-106 所示。

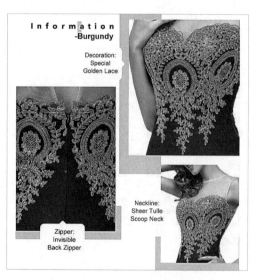

图 2-103　产品细节实拍图片

图 2-104　模特全景实拍图片

图 2-105 产品所有颜色展示实拍图片

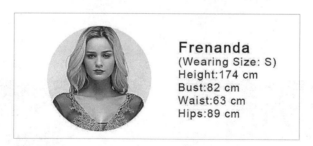

图 2-106 试穿模特的身材数据

第五步：添加公司资质

为了展示公司资质，如果有线下门店可以拍摄门店或展示厅的图片展示在详情页中，也可以展示一些产品的细节图（如图 2-107 所示），还可以将参展照片放在详情页中的公司资质补充说明部分（如图 2-108、图 2-109 所示）。

图 2-107 产品细节图

图 2-108 某公司参加 2018 年美国服装展(一)

图 2-109 某公司参加 2018 年美国服装展(二)

第六步：添加售后模板

售后模板可以放置关于售后的一些提示，如图 2-110～图 2-112 所示。

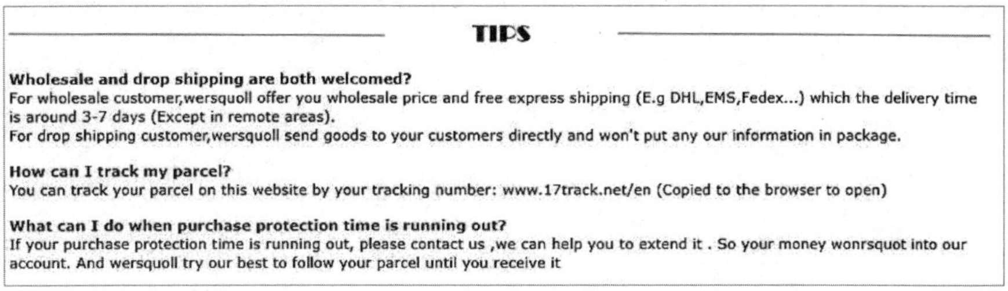

TIPS

Wholesale and drop shipping are both welcomed?
For wholesale customer,wersquoll offer you wholesale price and free express shipping (E.g DHL,EMS,Fedex...) which the delivery time is around 3-7 days (Except in remote areas).
For drop shipping customer,wersquoll send goods to your customers directly and won't put any our information in package.

How can I track my parcel?
You can track your parcel on this website by your tracking number: www.17track.net/en (Copied to the browser to open)

What can I do when purchase protection time is running out?
If your purchase protection time is running out, please contact us ,we can help you to extend it . So your money wonrsquot into our account. And wersquoll try our best to follow your parcel until you receive it

图 2-110　售后模板(一)

图 2-111　售后模板(二)

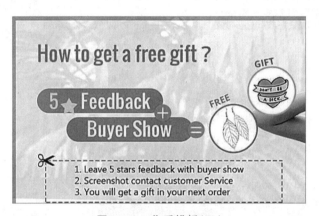

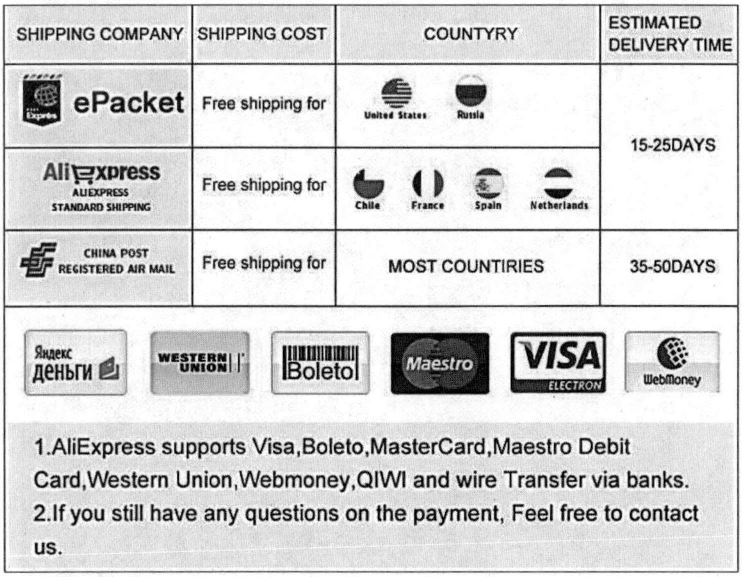

SHIPPING COMPANY	SHIPPING COST	COUNTYRY	ESTIMATED DELIVERY TIME
ePacket	Free shipping for	United States, Russia	15-25DAYS
AliExpress STANDARD SHIPPING	Free shipping for	Chile, France, Spain, Netherlands	
CHINA POST REGISTERED AIR MAIL	Free shipping for	MOST COUNTIRIES	35-50DAYS

1.AliExpress supports Visa,Boleto,MasterCard,Maestro Debit Card,Western Union,Webmoney,QIWI and wire Transfer via banks.
2.If you still have any questions on the payment, Feel free to contact us.

图 2-112　售后模板(三)

第七步：添加买家晒图

买家晒图部分可以设置成展示买家好评（如图 2-113 所示）模式，展示买家好评可以让有购买意向的买家对商品质量更放心，帮助其做出购买决定；也可以设置成买家秀展示墙（如图 2-114 所示）模式。

图 2-113　买家好评展示

图 2-114　买家秀展示墙

相关知识

一、详情页设计思路

(一) 详情页框架

详情页用于展示单个商品的细节信息,是整个店铺的亮点和聚焦点,没有一个买家会在网购时不看详情页就直接下单。一个充满设计感的详情页能够激发买家的消费欲望,促使买家快速下单购买。具体可从以下五个方面对详情页进行设计。

(1) 找出买家的问题点,针对买家需求进行设计。
(2) 列出商品的特性及优点。
(3) 挖掘买家最希望改善或希望被满足的需求。
(4) 按商品特性、优点及利益进行组合。
(5) 按商品能够满足买家的利益进行优先组合。

在详情页的设计上一定要能够体现"塑造商品的价值"原则,要突出商品的核心卖点。将文案与图片相结合,文案要简洁明了,一针见血,紧紧扣住重点;而图片则要与文案相匹配,注意,一定要与店铺风格、定位相统一。

一般来说,对于详情页的描述,可以从消费者的需求出发,充分做好前期准备,熟悉商品的材料、功能、价格、类型和使用方法等。详情页设计框架如图2-115所示。

图 2-115 详情页设计框架

(二) 详情页设计原则

1. 虚实结合

虚是指商品的背景、商品加工过程和买家反馈等可以经过一定的美化和加工,让商品更加有内涵和品质保障。实即指商品实物。

2. 详略得当

(1) 对商品的基本信息要尽量写得详细。

(2) 对商品卖点的描述要简练明了,最好将其分段展示,并搭配图片进行解说。

(3) 对于买家比较关心的售后、商品质量、商品功效和注意事项等内容也要进行详细介绍,尽可能地消除买家的顾虑。

3. 手法多样

(1) 对比的运用

商品质量、材质和服务等都可以作为对比的对象,从消费者关心的角度出发,对可能引起消费者关注的问题进行对比分析,从侧面突出产品的优点。

(2) 背景的运用

背景颜色不能太花哨,要保证背景看起来协调且符合大众的审美。另外,搭配适宜的背景颜色也可以提升商品的档次。

(3) 多种商品搭配

多种商品搭配的展示方式不仅可以让商品的展示效果更好,而且能在无形之中推销更多商品,为店铺带来更多的转化率。

二、详情页设计技巧

(一) 根据买家心理需求设计详情页

买家浏览了主图和基本属性后,若有意向,便会滑动滚动条继续浏览更多信息。一般情况下,主图和基本属性后面就应该介绍商品的参数信息,很多卖家也是这么做的。除此之外,卖家还可以推荐一些店铺热卖的商品,也可以搭配一些与主图相关的商品,目的是尽可能地增加客单价。

(二) 详情页中文案的编写

详情页中的文案要求图文并茂,既要符合商品的特点,也要满足个性化需求,同时要体现营销理念,并且传递感情。详情页的文案具体应包括以下几点。

(1) 商品的品牌介绍

在展示商品时,应该先介绍品牌,这样不但能增加商品的可信度,而且增加了品牌的曝光度。品牌介绍可以写品牌的来源、设计品牌的理念,并结合品牌标志做成图片展示,加深买家对品牌的认知。

(2) 商品的设计诠释

对有设计工艺的商品,可对商品的设计进行诠释。这样可让买家更了解商品,增加图片的可读性,让买家产生共鸣,他才能有兴趣继续浏览。此外,从设计师的角度阐述设计理念、说明设计思路及优势,也是不错的选择。

(3) 商品的亮点介绍

亮点既包括商品本身的功能、属性,还包括人为添加的因素,如包邮、特价等。编写商品亮点时,可以配上图片并围绕某个核心点展开叙述,按照从上到下或从左到右的顺序编排。例如,介绍羽绒服时,应在展示绒毛的图片旁边说明含量绒,并对绒的类型、产地进行介绍。

(三) 做好详情页的收尾环节

为了使有深度购买意向的买家购买商品,详情页可以晒出买家好评,展示品牌实力。买家浏览到页面尾部时,看到买家好评可以增强购买欲望。详情页尾部加入彰显店铺实力的广告,可以展示店铺的权威性和专业感。如果想让买家更信任品牌的质量,可以提供商品的质检报告等。

三、详情页的排版设计

精心排版设计的详情页对帮助买家了解商品,促进其下单尤为重要。再好的商品,如果没有精彩的文案与精美的设计,也未必能打动买家的心。详情页除了展示商品本身的外观、性能等各种细节外,还可以添加附加信息直观地展示店铺内的优惠打折信息,如优惠券、满减、包邮、买一送一、搭配促销等,如图2-116所示。

图 2-116 添加附加信息

在详情页中,为了让买家真实地体验到商品的实际效果,通常会展示使用感受、尺码、商品细节等内容。同一个页面中需要展示对商品的不同描述,所以在排版设计时要注意把握好页面的整体风格。从一个商品的详情页可以看出整个店铺的营销水平,虽然商品的规格、颜色、尺寸、库存等内容很容易介绍清楚,但如果版式设计不好会显得非常死板,如图2-117所示的"详情描述"页面中就略显呆板。

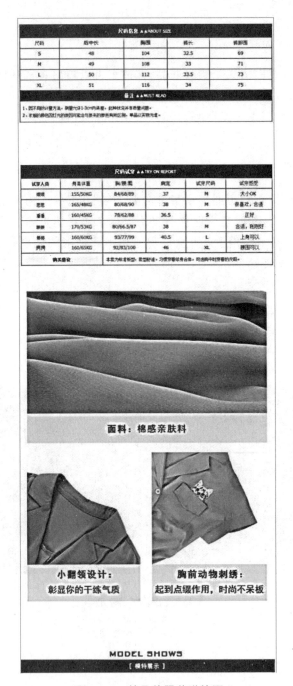

图 2-117　某品牌服装详情页

图 2-118 展示了某女装和某箱包的详情页。由图 2-118 可知,该女装的材质以雪纺居多,为了表现出雪纺轻盈、飘逸的特点,详情页使用白色为背景色,搭配黑色修饰描述性文字,形成雅致、清丽的视觉效果。而箱包的色彩为黑色,并且外形较为硬朗,因此在该详情页中使用了与其色彩反差较大的白色进行搭配,并将箱包的细节进行放大,直观地展现了商品的各种细节。

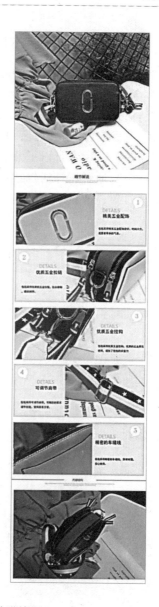

图 2-118　不同商品的详情页

注意事项：

（1）详情页中的关联营销模块一定要放店铺想要推广的商品。

（2）产品信息模块是一种管理商品信息的方式，卖家可以为商品信息中的公共信息（如售后物流政策等）单独创建一个模块，并在详情页中引用。如果需要修改这些信息，那么只需要修改相应的模块即可。

实训项目

为某个男装店铺的一款男装设计一个图文并茂详情页，要求能够全面展示男装的细节特点，并包含男装的详细参数信息，整体效果要简洁、大方。

项目小结

好的店铺装修,可以抓住买家的眼球,提升买家的视觉感受,吸引买家进入店铺浏览商品。详情页是整个店铺的亮点和聚焦点,设计到位的详情页能激发买家的购买欲望,提高店铺转化率。因此,店铺装修尤其是详情页的设计在店铺运营中起着重要的作用。

本项目采用实操的方法对开通店铺、装修店铺、详情页设计三大环节流程进行了详细的介绍。通过学习与训练,读者可以了解跨境店铺开设规则、账号设置流程、商品发布流程,掌握跨境店铺开设技巧;通过设计店铺招牌、轮播图等,读者可以掌握店铺页面布局与店铺装修的基本技能;通过对详情页的设计,读者可以掌握详情页的设计思路与技巧。

项目三　店铺营销

知识目标

了解店铺流量来源；
掌握店铺营销引流和推广的方法；
掌握店铺直通车推广工具的应用；
掌握店铺自主营销的主要方式；
掌握平台活动推广方法；
熟悉社交平台店铺推广方法；
了解站外搜索引擎推广和电子邮件推广方法的应用。

技能目标

会优化商品标题；
会优化商品详情页；
会建立电子邮件列表；
会设置直通车推广创意计划；
会设置店铺优惠券；
会策划营销活动。

项目导入

苏州某信息科技有限公司主要经营婚纱礼服为主的服装类产品，在全球速卖通上开通了店铺，经过几年的精心经营，慢慢站稳了市场。他们深知做好店铺的重要策略之一就是做好营销推广，尤其要做好全球速卖通的直通车推广。开通直通车是专业卖家必用的一种营销推广方式，店铺通过直通车的推广能快速获得流量和点击量。

除开通直通车之外，该公司还应用了其他营销方法推广店铺。关联营销是该公司常用的营销方法之一。关联营销就是利用有流量的产品来搭配其他产品进行销售。在设置关联营销投放时，要以顾客的体验为中心，精心选择新品、热卖品和配套产品。如果运用得当，关联营销也能给店铺带来不错的转化率。全球速卖通的"粉丝趴"(store club)也是该公司使用较多的营销方法，这种方法也是全球速卖通为广大卖家提供的粉丝营销阵地，功能类似淘宝的"微淘"；关注店铺的买家可以收到卖家发布的动态信息，包括店铺上新、买家秀、粉丝专享活动、导购文章等。

任务一 店铺站内营销推广

任务导入

流量是店铺的支柱，没有流量，店铺也就不会有订单。苏州某信息科技有限公司在全球速卖通的店铺开通后，面临着巨大的引流压力。该公司的营销主管要求负责营销推广工作的小赵做一份店铺营销活动引流计划，希望通过开展系列引流活动来增加流量。

店铺流量主要有两种类型：① 免费流量。这种类型的流量不需要付费但起效慢,需要花费较长时间积累。② 收费流量。这种类型的流量需要付费但引流快。直通车是全球速卖通提供给卖家的按照点击量付费、直接快速提升店铺流量的营销工具。卖家只要开通全球速卖通平台会员,就可以通过自主设置多维度关键词,免费展示产品信息,通过高频率曝光产品来吸引潜在买家。小赵选择了收费流量,并挑选了一款秋冬季毛衣开通了直通车,对其进行推广。

任务流程

第一步：创建直通车营销

登录全球速卖通卖家后台,单击"营销"选项(如图 3-1 所示),找到直通车营销模块,单击"查看更多"(如图 3-2 所示)。

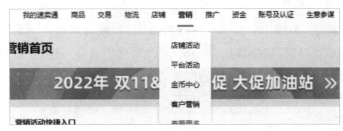

图 3-1 "营销"选项卡

图 3-2 直通车营销模块

第二步：建立推广计划

在如图 3-3 所示的页面中单击"新增推广计划"按钮,进入"添加商品"页面(如图 3-4 所示)。在"添加商品"页面,有新发商品、热搜商品及热销商品等选项可供选择;也可以在"全部商品"选项卡下单击"all categories"下拉列表框选择商品,或根据商品名称搜索选择商品。

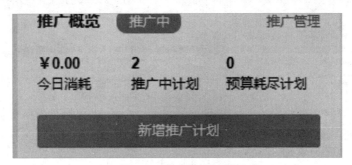

图 3-3 新建推广计划

图 3-4　添加商品

第三步：设置推广详情

完成"添加商品"后，即进入如图 3-5 所示的页面，根据商品推广需要可自行选择"智能推广-均匀曝光""重点推广""快捷推广"，并填写"计划推广名称"，设置"每日预算"。

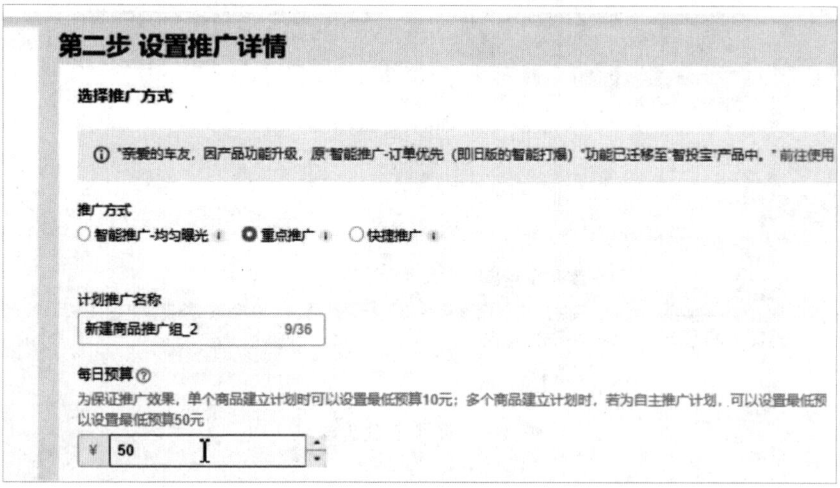

图 3-5　设置推广详情

第四步：出价

出价分为 APP 端出价和 PC 端出价，根据系统推荐填写最高出价（如图 3-6 所示）。

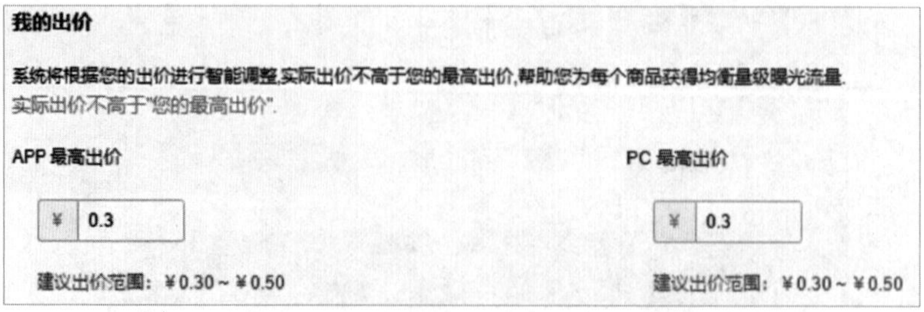

图 3-6　出价

第五步：添加关键词

完成上述步骤后可开始添加关键词，根据系统提示可以选择"商品推荐关键词""竞品推荐关键词"或"机会关键词"（如图3-7所示）。选择关键词并单击"确定"按钮后，关键词即会显示在右侧"已选关键词"下方。用户也可以自定义关键词，只需在右侧"自定义关键词"文本框内输入关键词，然后单击"添加"即可。

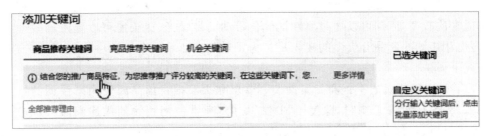

图 3-7　添加关键词

第六步：调价

用户可对系统推荐的 APP 出价和非 APP 出价进行自行调整（如图 3-8 所示），单击"确定"按钮完成调整。

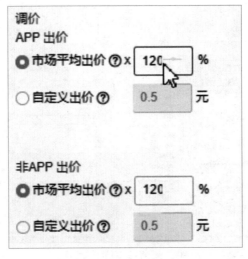

图 3-8　调价

相关知识

一、SEO 优化

（一）SEO 优化认知

搜索引擎优化（Search Engine Optimization, SEO）是指通过了解搜索引擎的自然排名机制，改进网站在搜索引擎中的关键词自然排名，获得更多的流量。但这里所指的 SEO 优化是针对全球速卖通平台的商品搜索排序规则下的优化，目的是使商品能被平台系统抓取，并获得流量。

全球速卖通平台搜索主要是通过关键词和类目抓取商品,并按一定的规则排序。其中,关键词搜索和类目搜索的流量占商品全部流量的40%左右,SEO优化就是帮助卖家获得更多来自这两个部分的流量。

(二)优化商品属性

由于商品有各种属性,买家常常会通过搜索属性词,来寻找心仪的商品。属性词搜索的转化率通常比较高,店铺可以通过属性词优化带动商品曝光,让买家可以更加高效地找到商品,同时也让店铺的商品有更多的曝光量。为了避免在商品发布过程中出现属性错选,卖家可参考以下做法。

(1)了解全球速卖通平台商品属性撰写要求和买家搜索商品时使用属性词的特点和习惯。例如,买家在购买T恤时,除使用"T恤"之外,还常使用相关的描述商品特征或属性的词,如描述材质、颜色、风格、袖长、领型、尺码、季节、款式等的词。

(2)通过全球速卖通买家端首页搜索需要优化的商品名称,查看此类商品的展示属性,这些展示属性体现了买家的真实需求。

(3)在商品"基本信息"页面(如图3-9所示)要选择正确的商品类目,逐一考虑发布时待选商品的属性,避免错选、遗漏、多选。

图3-9 "基本信息"页面

(三)优化商品标题

1. 了解标题设置规则

在全球速卖通平台的搜索系统中,商品标题的展示意义大于标记商品。当买家用关键词搜索商品时,系统会抓取商品标题并判断标题中是否含有买家搜索的关键词,以此来决定是否在买家的搜索页面展示该商品。如果商品标题中含有买家搜索的关键词,系统会判定该商品可能是买家需要的商品,那么商品展示在买家搜索页面的概率大(如图3-10、图3-11所示)。由此可见,标题承担着重要的曝光任务,全球速卖通中的商品标题,包括标点符号和空格在内,最多允许128个字符。

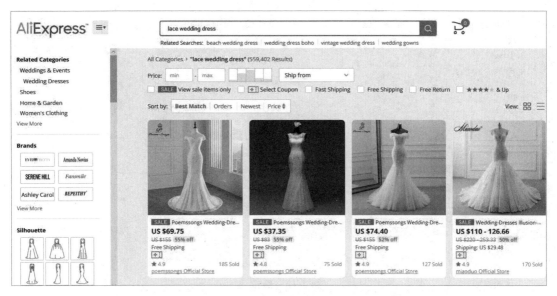

图 3-10 买家搜索关键词后平台展示的商品

图 3-11 商品标题中含有买家搜索关键词

2. 利用平台数据优化

进入全球速卖通卖家后台,单击"生意参谋"选项后,再单击"市场"下的"搜索分析",进入如图 3-12 所示的页面,该页面中展示了热搜词,卖家应合理利用这些词,尤其是一些高转化词(也称蓝海词汇)。

3. 学习借鉴其他卖家标题

访问买家热搜商品页面,借鉴经营同类商品的优秀卖家的标题设置方式来优化标题。

(四)标题设计模板

标题的基本要素就是关键词和标题的结构。关键词主要分为四类,分别是核心词、属性

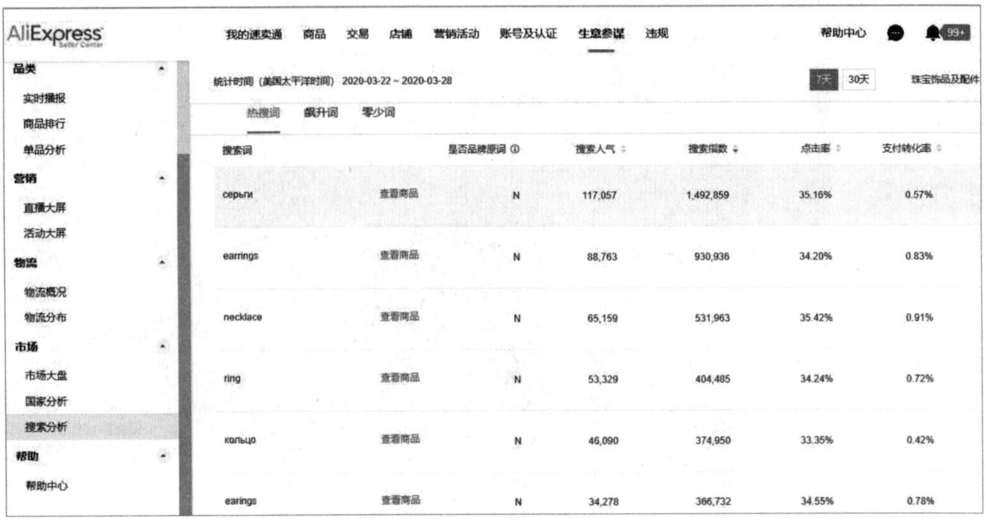

图 3-12 热搜词

词、流量词、长尾词。核心词一般是商品类目词,是能够描述商品最根本属性的词,分为一级核心词、二级核心词等。属性词主要包括描述品牌、颜色、尺寸、材质等的词。流量词就是热搜词,与商品关联性弱,但具有一定的热度,能为商品带来流量,且范围较广,不受词性限制,但有时效性。流量词也是买家点击量最大的词,也叫大词,如行业关键词、人群词、地区词、活动词,能直接给商品带来流量,但转化率不是最高的。长尾词是长尾理论在关键词上的延伸,也称长尾关键词。长尾词具有长度长、搜索量较小、转化率高的特点。长尾词也是一种精准词,例如:yellow heels sandals, gladiator sandals women, genuine leather pumps 等。

标题的设计可参考该模板:核心词+属性词+流量词+长尾词。

商品标题不要罗列太多关键词,通常情况下,卖家可以先收集与主营商品相关度高的词,再筛选出其中流量大的关键词,最后根据搜索规则和买家的需求撰写标题。

除此之外,标题的语言组织要通顺,标题不能是没有任何停顿的短语,要有可读性,且应符合海外买家的语法习惯,不要出现拼写错误及语法错误。如果买家看不懂商品标题,不点击,就没有转化。

二、直通车推广引流

(一)直通车的价值

直通车是快速提高店铺流量的营销工具,直通车可以让店铺得到大量额外的曝光机会,再配合其他营销手段,可以让店铺快速进入良性循环,进而获得长远的收益。根据推广效果,直通车的价值可分为直接价值和间接价值。

1. 直接价值

直接价值体现在,直通车可以让所推广的商品迅速曝光,增加点击量和成交量。但是,这不是卖家开通直通车最主要的目的,因为仅靠开直通车提升销量是不现实的,还可能亏本。店铺开通直通车最重要的是其带来的间接价值。

2. 间接价值

直通车的间接价值主要有两种。

(1) 测试商品。当店铺不知道主推哪款商品时,直通车的投放效果可以为店铺打造爆款提供数据支持,为店铺开发新品提供方向,为店铺备货提供参考。

(2) 提升店铺的排名,获得报名参加平台活动的资格,同时积累客户。

因此,店铺在开通直通车之前就应该做好规划,明确开通直通车的目的。

(二) 直通车的常规推广方向

1. 新品推广

新品推广主要分为打造爆款和推出活动品。要打造爆款,首先要增加商品的曝光量,提升排名。在确定排名目标后要对其进行标题优化。推出活动品主要为了提高销量和获得好评,活动品的定价要符合平台要求,同时要做好后续物流服务。

2. 老品推广

(1) 针对排名自然下滑的商品,店铺可以通过直通车提升排名。

(2) 对于修改标题的商品,店铺可以通过直通车稳定该商品排名。

(3) 用老品开拓新市场时,店铺可通过直通车进行创意标题或创意主图测试。

(4) 对于想报名参加平台活动但其销量又未达到要求的商品、想提升类目排名及想获得 bestselling(畅销的)位置的商品,店铺可以通过直通车提升流量。

(三) 直通车推广方式

目前,直通车推广方式有两种。

1. 智能推广计划

智能推广计划是指系统为推广的商品,智能匹配优质关键词,对商品进行多计划智能投放。这个方式又分为智能测款、智能打爆和全店管家 Pro 等三种类型。

(1) 智能测款

智能测款可以更好、更快地找出优质商品,快速掌握测款数据并为店铺沉淀一批优质关键词;系统将从店铺的营销目的出发,为商品匹配合适的流量,从而帮助店铺在预算内、最大限度达到营销目的;每个店铺最多支持创建 50 个计划,每个计划容纳 100 个商品。

(2) 智能打爆

智能打爆可以帮助店铺打造爆款商品,争取更多成交可能,快速积累订单。

(3) 全店管家 Pro

全店管家 Pro 可以使全店商品实现一键托管,智能匹配流量,帮店铺促进转化。

2. 自主推广

自主推广主要包括专门用于打造爆款的重点推广计划和快捷推广计划。

(1) 重点推广计划

重点推广计划主要用于打造重点商品,集中资源对其进行推广,如主图测试、新品爆款打造、活动品推广。

重点推广计划可以针对每个商品设置独立的推广关键词(如图 3-13 所示),也可以对每个重点商品单独设置商品推荐投放计划,所有商品共用一个每日消耗上限。重点推广计划的创意推广功能,支持制作创意主图和创意标题,能够更好地帮助卖家打造爆款。每个店铺最多可创建 10 个重点推广计划。

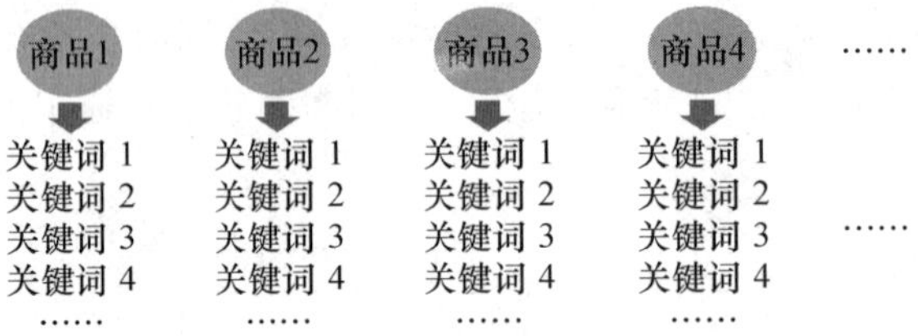

图 3-13 重点推广计划

(2) 快捷推广计划

快捷推广计划主要用于海量引流,尤其是店铺类似商品较多、卖家不知道该主推哪一款商品时,卖家可以用快捷推广计划来测品,也可以用快捷推广计划冲销量,进而对店铺进行整体引流,快捷推广计划比较适合双十一等大促活动。每个店铺最多创建 30 个快捷推广计划,每个计划最多能同时推广 100 个商品,可以批量选关键词、批量竞价。快捷推广计划下的所有商品共用所有的关键词(如图 3-14 所示),只能统一设置一个商品推荐投放计划,所有商品共用一个每日消耗上限。系统默认选择评分高、匹配度高的商品展示。快捷推广计划可以让卖家花更少的时间和精力,选出值得推广的商品。

图 3-14 快捷推广计划

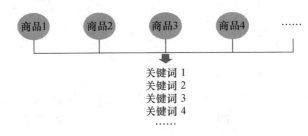

图 3-15 直通车展示

(四) 直通车展示、竞价、扣费规则

1. 直通车展示位置

(1) 关键词搜索结果页面

在站内搜索框搜索关键词,单击"搜索"按钮后,直通车的展现位置在搜索页面的主搜位和页面下方智能推荐位。将鼠标置于图片之上后,右下角的 Sponsored (赞助)(如图 3-15 所示)就是直通车展示位。

(2) 类目搜索结果页面

通过类目导航进入页面,直通车的展示位为搜索页面主搜位和页面下方智能推荐位。当买家浏览了含有投放的店铺相关商品类目时,直通车将根据店铺所购买的推广关键词和类目及买家喜好,智能地将推广商品展示在类目结果页面的推广位上。

(3) 商品推荐投放页面

如果店铺开通了商品推荐投放功能,其直通车展示位可能会出现在其他店铺的同款商品的详情页下方的推荐位上。

2. 直通车出价、扣费规则

当卖家需要推广的商品的推广评分在竞争该关键词的所有商品中排最后一名,或者该商品是这个关键词下展示的唯一的推广商品时,该商品的点击价格就是卖家对该关键字的出价。在其他情况下,商品的点击价格为:

$$\frac{(下一名卖家的出价 \times 下一名卖家的推广评分)}{自身的推广评分} + 0.01$$

例如商品推广评分和出价情况如表3-1所示。

表3-1 商品推广评分和出价情况举例

商品	推广评分(分)	出价(元)	排名
A	20	2	1
B	10	3	2
C	5	4	3

那么,商品A的点击价格为:

$$\frac{3 \times 10}{20} + 0.01 = 1.51(元)$$

可见,商品A的实际点击价格低于出价。

同时,商品C的推广评分最低,商品C的点击价格就是4元。

与此同时,如果商品B的推广评分有变化,那商品A的点击价格也会变化。例如变化如表3-2所示。

表3-2 商品推广评分变化

商品	推广评分(分)	出价(元)	排名
A	10	3	1
B	9	2	2
C	5	4	3

那么,商品A的点击价格为:

$$\frac{2 \times 9}{10} + 0.01 = 1.81(元)$$

(五)直通车推广策略

1. 直通车新品测款

新卖家刚开始开通直通车时,会选择批量推广,借助大批次选词、设置日常出价等快捷推广计划测试新款,其重点不在于出单,而是为了给店铺带来更多流量。在推广了一个周期后,卖家再着重根据数据进行优化,把主要精力放在重点商品的重点推广计划上。

2. 直通车爆品推广

爆品对每个卖家都是很有吸引力的,卖家可以通过爆品的热销拉动店铺整体的销量,提升店铺评分和搜索排名。一般在新品测款成功后,卖家就可以开始主推一个或几个商品,把测款成功的商品加入自主推广,并根据商品推广的数据调整优化。

(六)开通直通车

(1) 进入卖家后台,单击"营销中心"—"直通车营销"(如图3-16所示)。

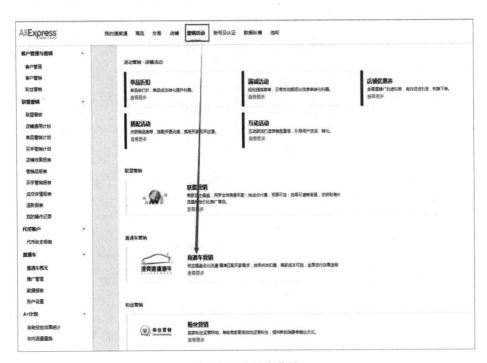

图 3-16　直通车营销

(2) 启动直通车前,需要先充值(如图3-17所示),再进入相关后台设定关键词。

图 3-17　直通车充值

(3)充值完成后,单击"新建推广计划"(如图3-18所示)设定具体的推广关键词和类目。

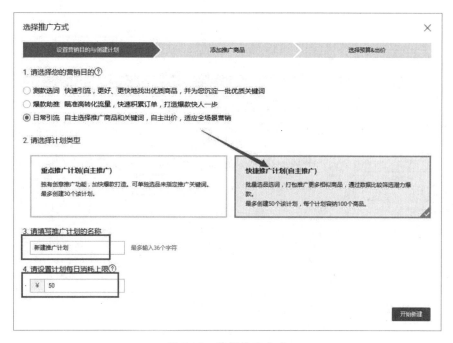

图3-18 新建推广计划

(4)设定完推广关键词和类目后,可根据店铺的营销目的选择相应的推广计划(如图3-19所示)。

图3-19 选择推广方式

(5)选定推广计划后,就可选择需要推广的商品。在"选择推广商品"页面勾选需要推广的商品,然后单击"下一步"按钮(如图3-20所示)。

图 3-20 选择推广商品

(6) 选择完需要推广的商品后,开始添加关键词。在系统推荐的关键词库里对关键词进行筛选,添加与商品匹配的关键词(如图 3-21 所示)。

图 3-21 添加关键词

(7) 添加完关键词后，卖家就可根据推广经验出价。出价后，可查看排名效果。一般针对以下两类词可以适度提高出价。一是有转化的词。这类词后期可提升投资回报率，因此可以提高出价，提升它的排名，争取更多流量。二是当前基本出价与第 1 页右侧最低出价差距较小的词，可以适当调整出价，使该词能出现在首页右侧。例如，某个词的原出价是 0.45 元，当前进入第 1 页右侧最低出价是 0.48 元，因为差距只有 0.03 元，为获取首页更可观的曝光量，应当将其出价调整为 0.48 元。调整出价页面如图 3-22 所示。

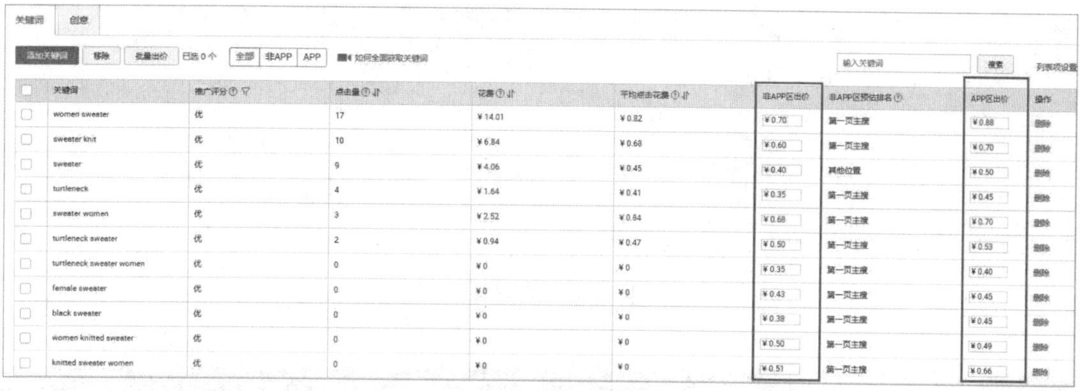

关键词	推广评分	点击量	花费	平均点击花费	非APP区出价	非APP区预估排名	APP区出价	操作
women sweater	优	17	¥14.01	¥0.82	¥0.70	第一页主搜	¥0.88	删除
sweater knit	优	10	¥6.84	¥0.68	¥0.60	第一页主搜	¥0.70	删除
sweater	优	9	¥4.06	¥0.45	¥0.40	其他位置	¥0.50	删除
turtleneck	优	4	¥1.64	¥0.41	¥0.35	第一页主搜	¥0.45	删除
sweater women	优	3	¥2.52	¥0.84	¥0.68	第一页主搜	¥0.70	删除
turtleneck sweater	优	2	¥0.94	¥0.47	¥0.50	第一页主搜	¥0.53	删除
turtleneck sweater women	优	0	¥0	¥0	¥0.35	第一页主搜	¥0.40	删除
female sweater	优	0	¥0	¥0	¥0.43	第一页主搜	¥0.45	删除
black sweater	优	0	¥0	¥0	¥0.38	第一页主搜	¥0.45	删除
women knitted sweater	优	0	¥0	¥0	¥0.50	第一页主搜	¥0.49	删除
knitted sweater women	优	0	¥0	¥0	¥0.51	第一页主搜	¥0.66	删除

图 3-22 调整出价

(七) 直通车优化

直通车设置完成后，如果选品正确的话，商品的点击量、曝光量、销量都会慢慢提升，每天的花费、曝光量、点击量都可以从数据报告中查看，经过 3～7 天的数据积累，接下来可以对直通车进行优化。

1. 查看直通车效果

卖家开通了商品直通车后，需要了解花费、曝光量、点击量等核心指标的情况，以确认下一步的优化方向。

卖家可以通过账户报告(如图 3-23 所示)了解所有商品最近 5 个月的数据，在报告下方可以看到对应商品在对应时间内的曝光量、点击量、点击率、花费及平均点击花费等数据。卖家可以对相关维度的数据进行排序，比如：选择最近 7 天的数据，按点击量排序后，找到排在第 1 位的商品，看是否为主推商品，如果不是主推品，那么说明推广计划要继续优化。

2. 直通车诊断与优化

卖家可以通过商品报告和关键词报告来判断推广效果的好坏。

(1) 商品报告

商品报告(如图 3-24 所示)展现的是一款商品整体的推广效果，主要需要关注的数据是曝光量和点击量。曝光量高、点击量高，说明商品属性与关键词匹配度高，商品能够吸引买家，卖家只需要优化单次点击花费即可；曝光量高、点击量低，说明商品属性与关键词匹配度高，但买家对商品不感兴趣，可优化主图或开展打折促销活动；曝光量低，说明商品关键词少，或者与商品匹配度高的关键词不多，要对关键词进行优化。

图 3-23　账户报告

图 3-24　商品报告

(2) 关键词报告

关键词报告(如图 3-25 所示)展现的是具体关键词的效果,主要需要关注的数据有点击率和平均点击花费,根据点击率和平均点击花费的高低可分为四种情况。

① 点击率高、平均点击花费高说明该关键词可能是类目词或热搜词,这类词在直通车中是否保留需视预算情况而定。

② 点击率高、平均点击花费低说明该关键词可能是长尾词,长尾词比较精准,但曝光量比较低,这类词可以适当添加。

③ 点击率低、平均点击花费高说明这类关键词和商品匹配度低,且花费高。在优化过程中,建议将这类词删除。

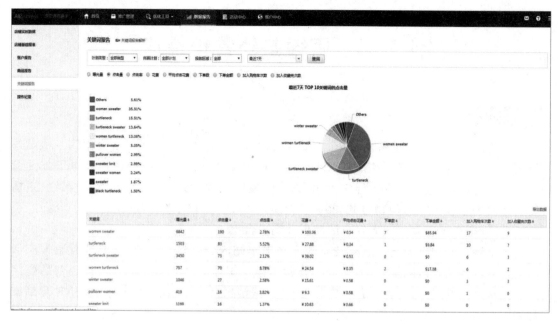

图 3-25　关键词报告

④ 点击率低、平均点击花费低，对于这类词可以先提高单次点击花费，提高曝光量后再看点击率是否有提升。如果点击率一直没有提升，那么可以淘汰这类关键词。

3．优化策略

（1）调整关键词出价

① 对于曝光量高、点击量高的优词，可以调整出价，控制商品排名在第 1~3 页。

② 对于曝光量高、点击量低的优词，可以修改推广主图和标题，调整关键词出价，控制商品排名在第 4~10 页，商品设置促销价格，吸引买家点击。

③ 对于曝光量低的优词，可以尝试提高出价后观察数据。如果数据还不理想，则淘汰这个关键词。

④ 对于数据表现最理想的良词，只优化相关属性，尽可能让其变为优词。

（2）添加与删除关键词

① 保留曝光量大、点击量大的关键词。

② 优化曝光量大、点击量小的关键词，优化后效果还不好的关键词则删除。

实训项目

1．为一款婚纱新建一个 520 专题直通车重点推广计划。

2．为一款婚纱优化标题和提炼关键词。

任务二　店铺站外营销推广

任务导入

店铺的访客量往往决定着销量,除了平台内的营销推广外,卖家还经常会用到一些站外的营销推广方式,例如社交网络服务(Social Networking Services,SNS)营销和电子邮件营销。尤其是近年来,直播带货等异常火爆,并在慢慢改变人们购物的方式。跟着网红、主播买货已经成了很多买家的购物方式,很多卖家也开始进入社交平台,利用社交平台推广引流,并尽可能把全球速卖通的老客户沉淀到社交平台上。

主营婚纱礼服的苏州某信息科技有限公司决定站内、站外协同进行圣诞节营销推广活动。为达到较好的推广效果,该公司的站外营销推广工作人员小李考虑到公司经营的商品的主要受众是女性,综合比较了几种常见的 SNS 营销推广渠道,决定制订一份 SNS 营销推广计划。

任务流程

第一步:筹划设计

此环节主要任务是进行推广定位:了解受众的需求及他们对品牌的期望;了解社交平台的属性、客户群体及平台的营销优势;以精准的受众定位和平台相关数据作为支撑,选择合适的社交平台。

第二步:塑造账号形象

社交平台的本质是促进人与人的交往,卖家利用社交平台进行营销时,潜在买家会通过卖家传递出来的信息,建立对卖家的了解,并建立起基础信任。在 SNS 营销中,卖家必须通过身份定位、商品定位或客户定位等为自己的账号塑造一个虚拟的形象来融入网络社区中。需要特别注意的是,塑造的虚拟形象应尽量避免涉及政治、种族等敏感因素,尤其是在多国家文化冲突的环境中。

第三步:寻找目标受众

当了解目标受众后,还需要将受众分为若干个独立的组,通常按照以下两个维度来划分。

1. 购买可能性维度

从购买可能性维度进行划分是指以用户看到发布在社交平台上的有关商品的内容后,产生购买行为的可能性高低来进行划分。这种划分方法比较直接,适合短平快的、单价较低的商品。该方法的缺点是一旦按此维度进行划分,整个 SNS 营销的目标与基调就定位于促进直接销售行为,这与大部分社交平台自身的富内容运营逻辑相悖。

2. 参与社交互动的活跃度维度

从参与社交互动的活跃度维度进行划分是指以进行非销售导向的社交互动时，受众参与互动的可能性高低来进行划分。这种划分方法注重社交关系的建立，长远来看，很容易基于某个话题建立若干个运营成功的大号。该方法的缺点也是显而易见的，为了维护这些账号在受众心中的形象，通常卖家很难在发布的内容中插入促销类信息，因为每一次促销导向的信息都可能会导致受众对互动背后的动机产生怀疑。

第四步：建立网络连接

社交平台用户会基于爱好、兴趣、职业等特征建立网络关系连接，卖家可以通过在社交平台塑造的形象吸引客户，让所发布的内容在客户心目中具有一定的权威性，在客户关心的话题上能从专业度上征服客户，以此让在社交网络中的客户通过好友推荐、转发、评论等功能，将账号推向更多的受众，从而达到拓展受众范围的目的。在社交平台中建立网络连接的作用相当于电商中的引流。

第五步：创作传播内容

在 SNS 营销中，内容是一切工作的重点，贯穿 SNS 营销的主线。创作传播内容前要思考以下几个方面的问题。

(1) 在社交媒体上发布或推广什么类型的内容？
(2) 内容更新的频率、周期是多久？
(3) 不同类型的内容针对哪些受众群体？
(4) 谁创作这些内容？
(5) 怎样推广这些内容？

一般采取以下两种方法进行内容创作：一是创新矩阵法，即寻找与话题相关的热门关键词，越多越好，并将这些关键词分为 2~3 组，通过两两连线的方式，将两个或多个关键词连接起来，由内容创作人员围绕这个关键词组合进行填补式创作；二是伪原创法，即大量摘录相关的热门关键词、网络热门内容等，拆解内容存入素材中，并对热门发言进行二次组合和填补式创作。

第六步：售前社交互动

建立起初步的社交网络之后，卖家可以选一些更具有互动性的活动，比较常见的有抽奖、比赛、问卷调查、直播话题等，消费者通常会在参与强互动之后选购该商品或服务。

第七步：引导进入电商

随着工作的深入，免费流量越来越多，最终导向的都是长期的、稳定的、高黏度的粉丝和商业转化，除了免费流量之外还应该考虑付费流量的引入，如在 SNS 平台上投放精准广告是一种性价比比较高的方式。

第八步：促成购买

到了这一环节，即到了卖家最熟悉的促销领域，可以使用平台提供的大量促销工具，如满立减、优惠券、折扣、红包等，也可以联合平台上的联盟营销和网红开展合作。

第九步：售后社交互动

成交后,卖家要对客户进行售后关怀,并进行口碑维护以促进客户的二次购买,鼓励客户展示买家秀。

相关知识

一、SNS 营销

SNS 营销是指利用社交平台进行营销的方式。人们越来越喜欢在社交平台上分享生活、交友等,跨境电商卖家也可借助社交平台,通过社交互动、用户自主生成内容等手段来传递商品信息,辅助商品进行销售。通俗来说,SNS 营销就是卖家通过时下流行的社交平台与粉丝进行社交互动,以辅助品牌推广和商品的销售。

（一）主流社交平台介绍

目前国际上主流社交平台有 Facebook、Twitter、Pinterest、YouTube、LinkedIn、Instagram、TikTok,根据 Sprout Social 官网中截至 2023 年 2 月的数据,对这些社交平台情况介绍如下。

1. Facebook

每月活跃用户数量:29.63 亿;占比最大人群年龄:25~34 岁(29.9%);性别:女性占44%,男性占 56%;人均每日访问时长:30 分钟。

Facebook 仍是用户最多的社交平台,但随着新型社交平台的崛起,用户在 Facebook 上花的时间持续下降,自 2022 年后,年轻用户持续涌向 TikTok 和 SnapChat。

2. Twitter

每月活跃用户数量:2.378 亿;占比最大人群年龄:18~29 岁（42%）;性别:女性占34.1%,男性占 61.29%,4.61%的用户群体性别不详;人均每日访问时长:34.8 分钟。

Twitter 每年都保持相当稳定的增长,1/3 的 Twitter 用户接受过大学教育,年收入超过 7.5 万美元,这意味着 Twitter 是一个聚集了高教育程度与高收入人群的平台。作为一个分享时事及新闻的地方,Twitter 是分享内容与推动讨论话题的主要场所。

3. Pinterest

每月活跃用户数量:4.5 亿;占比最大人群年龄:25~34 岁(28.5%);性别:女性占76.2%,男性占 17%,6.8%的用户群体性别不详;人均每日访问时长:14.2 分钟。

2021 年,该平台上的男性用户出现了惊人的增长,但 Pinterest 的核心用户仍为女性。Pinterest 可能是所有社交平台中最注重创作的,这也意味着平台有巨大的广告潜力。45%的 Pinterest 用户家庭年收入在 10 万美元以上。70%的用户表示自己很信任 Pinterest,这里是他们最喜欢的研究购买商品的地方。

4. YouTube

每月活跃用户数量:21 亿;占比最大人群年龄:15~35 岁;性别:女性占 51.4%,男性占 48.6%;人均每日访问时长:45.6 分钟。

YouTube推出的短视频功能满足了年轻人的喜好,但是大多数用户使用YouTube还是为了娱乐,而不是特意寻找某个品牌。因此,商家使用该平台进行营销时,应该重点关注如何找到娱乐与广告之间的平衡。

5. LinkedIn

每月活跃用户数量:9.3亿;占比最大人群年龄:30～39岁(31%);性别:女性占43%,男性占57%;63%的LinkedIn用户每周都会访问平台,22%的用户每天使用。

由于平台的商务属性,LinkedIn是B2B客户最喜爱的平台。该平台聚集了全球高收入人群,广告潜力较大。

6. Instagram

每月活跃用户数量:20亿;占比最大人群年龄:18～24岁(30.8%);性别:女性占48.2%,男性占51.8%;人均每日访问时长:30.1分钟。

经历了几年的快速成长期后,Instagram的增长仍然稳定。目前,Instagram在向电商方向转型,后续也会出现更多社交购物功能的调整。

7. TikTok

每月活跃用户数量:8.343亿;占比最大人群年龄:18～24岁(21%);性别:女性占54%,男性占46%;人均每日访问时长:45.8分钟。

TikTok的用户数量增长非常快速,特别是TikTok的男女用户性别比例在拉平,2022年的数据显示女性用户占61%,男性占39%。而且,在这些社交媒体中,TikTok的人均每日访问时长最长,这也表明TikTok正在走向全民用户主流社交平台的地位。除了普通社交功能外,TikTok的广告与客户关系整合等功能也在逐渐成熟。

(二)SNS营销的目的

SNS营销的核心就是关系营销,关系营销的要点在于巩固老客户关系,建立新客户关系。SNS营销的主要目的有两个。

1. 对老客户进行二次营销推广

在社交平台上,针对老客户进行营销时,一个有效的方法是通过电子邮件或平台内的买家消息系统(也就是站内消息)来邀请客户关注店铺在Facebook、Pinterest、Twitter等社交平台上的账号,或者让其添加店铺账号为好友。这样做的目的是将老客户转化为店铺在这些社交平台上的粉丝或好友。一旦客户成为店铺账号的粉丝或好友,店铺就能通过发布包含文字、图片等多种形式的促销信息,直接向他们进行营销推广。这样不仅能增强与老客户的互动,还能有效提升促销活动的曝光度和转化率。具体操作步骤如下:

(1)在全球速卖通后台对老客户相关数据进行分析总结。按照客户成交次数或成交金额筛选出优质老客户;发邮件给客户鼓励客户关注店铺的社交平台账号或添加店铺账号好友。为提升客户参与度,必要时可提供返现、优惠券等激励措施。

(2)当客户关注了店铺的社交平台账号或添加了店铺账号好友后,卖家可以在社交平台上与客户进行互动(如图3-26所示),并定期举办促销活动(如图3-27所示为在Facebook平台举办的促销活动)。

图 3-26 与客户进行互动

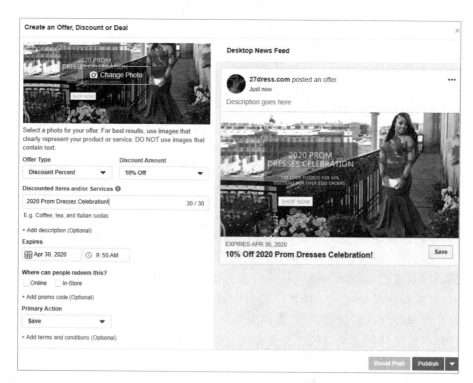

图 3-27 在 Facebook 举办促销活动

2. 发展新客户

卖家主要通过在社交平台增加粉丝量的方式开发新客户。卖家可以通过定期更新状态保证活跃度、组建群组、发布文章,引导粉丝评论及点赞等方式增加粉丝量;还可以创建店铺活动,吸引粉丝关注。

（三）SNS 营销策略

1. 短视频营销

如今，短视频在社交平台非常受欢迎，且受众非常广。因此不少电商卖家也投入大量成本，致力于在各社交平台开展短视频营销推广活动。卖家可以通过短视频展示商品生产流程、操作流程，进行商品性能测试，对比不同商品的优劣，展示商品应用场景，介绍产品品牌故事，等等。卖家可以根据自己的需求制作各类短视频。

短视频营销应注意如下事项。

（1）短视频的内容策划与表现形式要契合商品特性，并符合商品品牌内涵。短视频本身就是用来宣传商品、传播品牌知名度的，如果视频内容或表现形式不能让客户很好地了解商品、了解品牌的内涵，那就与营销目的背道而驰。

（2）卖家在制作短视频时，要控制好视频时长，短视频最佳时长为 60 秒。60 秒左右的视频不会占用观看者过多的时间，也不会因为视频容量过大而难以加载。短视频要能够吸引观看者的注意力，给观看者最佳的观看体验，从而提升营销效果。

（3）展示商品的操作流程和进行性能测试的短视频，应尽可能安排真人出镜，这样更具有说服力。此外，要挑选合适的出镜人物，出镜人物最好是目标市场地区的人，这样更能给观看者亲切感和真实感。

（4）配音本土化。短视频中的配音，最好由出镜人物本人配音，当然也可以另外配音，但配音最好使用目标市场地区的本土语言。

（5）注重连续性。营销本来就是持久战，特别是在社交媒体上进行短视频营销，更是需要长久坚持，才能逐渐被客户关注到。

（6）做好客户互动。短视频营销并不是将视频发出去，让客户看到就结束了。卖家要保持活跃度，时刻关注客户对视频的评论，并回复客户评论，与客户互动，增强与客户的黏性。

（7）定期进行数据分析。数据分析内容包括：短视频播放的高峰期，哪些类型的视频更受欢迎，客户对短视频都如何评价，等等。卖家可以通过提高参与率、查看次数、播放率、社交分享次数和评论次数等优化短视频，提高短视频的营销效果。

短视频有如下三种拍摄方式。

（1）与拍客合作。与拍客合作就是利用拍客的粉丝资源，将其粉丝转化为店铺客户。卖家可以定期寄商品给拍客，邀请拍客拍摄使用商品的视频。

（2）卖家自己或请专业人士拍摄。卖家可以自己或请专业人士拍摄商品视频，视频拍摄、制作完成之后，卖家可以通过店铺的社交平台账号进行发布。

（3）买家推广。如果店铺有一定的成交量，那么这些客户也是非常好的推广资源，卖家可以给予他们一定的奖励，鼓励客户自己拍摄使用商品的视频，在视频中要对商品进行评价或分享使用体验等，并将其拍摄的视频发到商品评论区或社交平台上。

2. 网红营销

网红即网络红人的简称，是指在网络社区中很受欢迎的成员。网红最大的特点就是粉丝多，网红是粉丝的意见领袖，也深受粉丝信任。中国的产品销往海外时常遭遇严重的"水土不服"的情况，此时，卖家可以通过拥有一定的号召力的网红背书，集聚一批粉丝资源。

使用网红营销要重点关注如下三个方面。

（1）筛选合适的网红。卖家可以利用专业平台提供的网红监测数据来筛选合适的网红。

（2）与网红互动。首先让网红转发店铺社交平台账号发布的内容；其次是卖家与网红互相@对方账号；最后找到网红发布的内容与商品可相互整合的点，将商品广告植入进去。

（3）网红管理。卖家通常会同时与多个网红合作，要学会运用专门的客户管理工具管理与网红的合作效果，方便与网红沟通，提升网红应用效益。

网红营销有三种典型模式。

（1）Shoutout。Shoutout 是在 Instagram 中与网红合作的形式。具体是，网红通过@卖家的账号，在自己的账号中帮助卖家完成呼出，网红的粉丝将可能通过这次@关注卖家账号或通过链接进入卖家的店铺进行购买。

（2）Give away。Give away 是在 Instagram、YouTube、Pinterest、Facebook 中与网红合作的形式，网红通过设置转发、点赞或评论等互动方式将商品作为奖品派送给粉丝。通过 Give away 可以有效带动商品的曝光和购买。

（3）Tra on haul。Tra on haul 是在 YouTube 中与网红合作的形式，网红通过视频的形式在 YouTube 上做测评，通过粉丝观看、转发等给商品带来曝光量。

二、电子邮件营销

电子邮件营销又称 Email 营销，是利用电子邮件与客户进行商业交流的一种营销方式，被广泛应用于网络营销领域，是最早的网络营销手段之一。有些人认为电子邮件营销已经过时了，事实并非如此。有报告显示，电子邮件是 2021 年表现非常好的营销渠道。① 由于文化的差异，国外使用邮箱进行沟通的频率更高，因此邮件就成为跨境电商卖家最常使用，也是效果较好的促销手段，邮件营销做好了能够帮助卖家开发客户、提升销量、快速索评等。

（一）电子邮件营销优势

1. 营销范围广，直达客户

智研咨询发布的《2022—2028 年中国电子邮件行业发展模式分析及未来前景规划报告》中提到：2020 年全球电子邮件用户规模 40.37 亿人。面对如此壮大的用户群，电子邮件营销作为跨境电商的营销手段一直被企业重视，只要拥有足够多的客户的电子邮件地址，就可以在很短的时间内向全球数千万目标客户发送商品信息。

2. 操作简便高效，成本低廉

电子邮件操作简单，不需要高深的技术，不需要烦琐的制作及发送过程，即使发送上亿封的邮件一般也只需几个工作日便可完成。而且电子邮件营销是一种低成本的营销方式，费用支出一般仅包括上网费，远比其他广告营销方式费用低。

3. 投放精准，内容丰富

电子邮件的内容不受限制，适合各行各业，且具有信息量大、保存期长的特点，同时收藏和传阅也非常简单方便。卖家可以通过电子邮件与获得发送许可或订阅邮件的客户保持长

---

① KARA T. 2021 is email's time to shine, especially as an outcomes-based channel[EB/OL]. (2021-01-27)[2023-09-20]. https://www.epsilon.com/emea/insights/blog/2021-emails-time-to-shine-outcomes-based-channel.

期联系,将促销活动和商品上新信息及时传达给客户,提高转化率。同时,一封电子邮件可以搭载非常丰富的内容以传达更多的信息。

4. 主动性强,连续性强

电子邮件营销最大的优势就是卖家能够利用大数据精准挑选受众,可以根据不同的目的向客户发送定制的邮件信息,增加连续推销的机会。

(二)电子邮件营销类型

1. 交易型电子邮件

交易型电子邮件是指主要向客户发送订单收据或售后状态的电子邮件。

2. 索评型电子邮件

索评型电子邮件是店铺比较常用的电子邮件类型,主要通过给已购客户发送索评邮件,提醒客户对购物体验发表评论,可以显著提升商品的留评率。

3. 促销型电子邮件

促销型电子邮件是指主要向客户发送新品公告、促销信息、品牌新闻、折扣码等内容的邮件,以促进销量。

4. 基于客户行为的生命周期电子邮件

基于客户行为的生命周期电子邮件有:向未完成购买的客户发送废弃的购物车邮件,或者提醒客户对废弃的购物车进行结算等。

5. 关怀型电子邮件

关怀型电子邮件是指在节假日或客户很久没有访问店铺时向其发送的问候邮件。此类型邮件可以提升客户对店铺的好感度。

6. 商品推荐型电子邮件

商品推荐型电子邮件是指根据客户的购买行为向客户推荐商品的邮件。

(三)电子邮件营销的一般过程

1. 获取电子邮件地址

只有知道客户的电子邮件地址,才能给客户发送电子邮件,所以卖家第一步必须收集目标客户的电子邮件地址。客户电子邮件地址主要来源于现有的店铺会员、曾经购买过的客户等。

2. 目标客户分析

正式编辑电子邮件之前,卖家应对目标客户群体进行仔细分析,并确定此次电子邮件营销的目的,再根据营销的目的和主题编辑合适的内容。

3. 建立发送列表,对用户进行分组

卖家可以加入电子邮件服务商,这样只需要把所有收件人的电子邮件地址一次性存入列表的地址墙中,以后发送的邮件就都能被列表中的所有用户收到。同时,卖家应对客户进行分组,这样可以根据不同的营销活动有针对性地发送相关邮件。

4. 选择发送频率和发送方式

优秀的电子邮件营销计划会严格计划电子邮件发送的频率,毫无计划、随意地发送邮件会错失营销机会。例如,突然连续发好几封电子邮件给客户,然后又间隔很长时间不发。因此卖家制订电子邮件营销计划时应设定邮件主题与发送时间表,并依照时间表进行电子邮件营销活动。

5. 营销跟踪与反馈

点击率和转化率是衡量电子邮件营销效果最重要的指标,所有的电子邮件服务商几乎都能追踪邮件数据。实施电子邮件营销后,卖家应追踪相关指标,总结营销效果,并积极进行改进。

(四)电子邮件营销应该注意的问题

(1)避免成为垃圾邮件,提高送达率。海外互联网接入服务商在垃圾邮件、黑名单、投诉举报规则及发送数据要求上很严格,因此卖家进行电子邮件内容设计时要避免成为垃圾邮件,邮件内容中注意规避容易成为垃圾邮件的关键词及词语。垃圾邮件与许可邮件的区别在于垃圾邮件没有经过用户许可。卖家可以将邮件地址分析和过滤,找出活跃用户,发送具有针对性的邮件。

(2)根据联系人的细分特征分类,进行个性化营销。根据联系人的细分特征,如个人资料、行为、位置,细分,筛选出潜在客户并发送专门的电子邮件,同时对不同类型的客户进行个性化营销。对客户进行细分能有效提高电子邮件营销的效果,客户更容易被留住。

(3)邮件主题要求简短而有吸引力。主题要包含重要优惠信息、利益点等,同时邀请客户行动,营造紧迫感。

(4)避免滥发,过度销售。内容相似的邮件在短时间内不宜大量发送。过于频繁地发送电子邮件会让客户觉得厌烦,使自己失去潜在客户,被加入黑名单。

(5)了解客户消费习惯。不同国家对客户营销信息的偏好存在差别,跨境电商企业需要对目标市场的文化风俗和节日特殊喜好、消费习性等清楚了解之后,再根据客户的历史消费行为,制订邮件内容的营销方案。

(6)及时回复客户邮件。当潜在客户发来关于咨询商品的邮件,一定要及时回复,否则该客户可能因未收到回复而选择其他卖家。

(五)电子邮件营销发展趋势

1. 触发式电子邮件

触发式电子邮件是由于目标受众的特定操作而发生的。触发式电子邮件是针对特定的客户,鼓励他们采取特定的行动,所以成功率相对较高。

最常见的触发式电子邮件是对目标客户的购物行为的直接反应。例如,消费者注册品牌的会员或账户后收到的品牌欢迎邮件就是触发式电子邮件。

2. 触发式电子邮件的重要类型

(1)生日邮件:与促销邮件相比,生日邮件的转化率更高,生日是礼物的代名词,因此生日邮件中通常包括折扣或其他的激励措施,鼓励客户进入站点发起购买。

(2)提醒邮件:提醒邮件的打开率最高,提醒邮件种类非常多,从针对购物车废弃商品的提醒邮件的营销效果来看,其对促进客户购买行为的发生有不错的效果。

(3)到货提醒(back in stock)邮件:到货提醒邮件的目的是提醒之前想购买该商品但因库存原因无法购买的客户重新进行购买。

实训项目

1. 给近期没有访问店铺的老客户写一封赠送优惠券的邮件。
2. 在 Facebook 平台注册一个账号，加入一个话题圈，发布一个帖子，并查看点评和点赞数。

任务三　店铺自主营销

任务导入

如果想做好店铺，那么开展店铺自主营销活动是必不可少的。店铺自主营销即卖家自主选择全球速卖通平台提供的各种优惠活动方案，灵活自主设置各种优惠方式，吸引客户下单购买，提高转化率和客单价。小王是公司营销活动推广的负责人，在双十一来临之前，他根据平台的促销要求制订了店铺的双十一自主营销活动优惠方案。

任务流程

第一步：确定促销目标

根据双十一活动的目的，确定促销目标为提升销量、打造爆款。

第二步：选择促销方式

根据促销目标选择单品折扣活动。具体步骤为：进入卖家后台，单击顶部的"营销活动"选项后，再单击左侧"营销活动"下的"店铺活动"选项进入"店铺活动"页面，在该页面找到"单品折扣"模块并单击"创建"按钮（如图3-28所示），开始创建单品折扣活动信息。

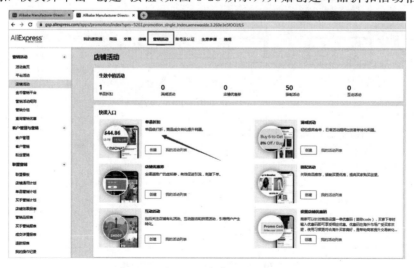

图 3-28　创建单品折扣活动

第三步：设置单品折扣活动信息

需要设置的单品折扣活动信息包括活动基本信息与优惠信息，具体有填写活动名称、活动起止时间等（如图 3-29 所示），需要注意的是活动的开始时间必须为 24 小时之后。

图 3-29　设置单品折扣活动

第四步：分组设置折扣

设置完单品折扣活动信息后需要根据营销分组来设置折扣（如图 3-30 所示），双十一的折扣比平时的折扣力度更大，比如平时设置折扣为"10％"，双十一时就要设置折扣为"15％"。

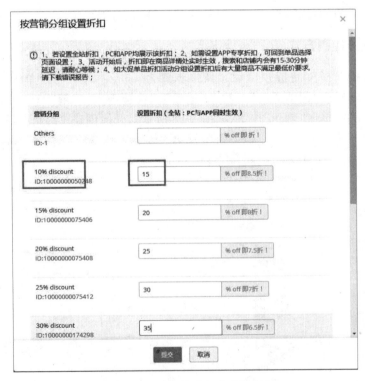

图 3-30　根据营销分组来设置折扣

第五步:查看活动详情

设置好的单品折扣活动将会展现在"单品折扣"中,活动开始前12小时系统才会进行活动锁定操作,所以在这之前的时间都可以对活动进行删除和修改操作。

相关知识

一、联盟营销

(一)联盟营销的作用

联盟营销是由专业的联盟营销机构组织大量网站的广告资源,为广告主(卖家)提供全网范围的广告推广。全球速卖通的联盟营销是全球速卖通官方推广的一种"按效果付费"的推广模式。联盟营销的站长来自全球100多个国家,客户群体庞大。加入联盟营销不需要预先付费,商品曝光是免费的,只有商品成交了才需支付佣金。加入联盟营销之后,除了现有的渠道对商品进行曝光外,站内会在全球速卖通的联盟专属频道对商品进行额外曝光,站外也会得到海量联盟流量。

(二)联盟营销的结构

1. 基础操作模块

基础操作模块包括佣金设置、我的爆品、我的主推品模块。卖家可在基础操作模块设置需要推广的商品和佣金率。佣金由卖家决定,卖家可按全店铺、类目、单个商品(主推品、爆品)设置佣金比例。按全店铺设置佣金比例是指加入联盟营销后,店铺所有商品的佣金比例默认相同;按类目设置佣金比例是指针对某个类目设置不同的佣金比例,不同行业门槛不一致;按单个商品(主推品、爆品)设置佣金比例是指针对店铺里重点推广的某些商品设置不同的佣金比例。全店铺佣金就按默认比例5%即可。类目佣金按类目最低佣金比例即可。对于主推品,要充分考虑商品的成本和利润,与类目佣金比例保持相同或略高即可;对于爆品的佣金比例,平台有门槛要求,允许范围为8%~90%。

2. 报表模块

报表模块包括流量、订单、退款报表。卖家可通过报表模块了解店铺浏览量、总订单量、交易额、预计支付佣金数,也可以了解主推品和爆品的浏览量、订单量和交易额。

3. 操作记录模块

操作记录模块包括各类型佣金比例的增删改、店铺加入和退出联盟操作。

(三)联盟营销的设置

1. 选品

在全球速卖通平台,每个店铺最多可以设置20个爆品,建议选取店铺优质的商品进行添加(即商品品质好、有销量、好评率高、商品描述质量高等),设置具备竞争力的佣金比例,在商品的价格上也需要有竞争力,再结合店铺的推广活动及优惠券等大力度优惠吸引买家。每个店铺最多可设置 60 个商家想要长期重点推广的主推品。主推品和爆品可以是同一个。

2. 对商品进行操作

全球速卖通平台支持将商品设置为爆品和主推品,支持对爆品和主推品进行添加、移除(取消其爆品或主推品的操作)、修改(修改对应的佣金比例)操作。

设置爆品和设置主推品的步骤相同,具体如下。

(1) 选择要加入推广的爆品或主推品。

(2) 输入爆品或主推品的佣金比例。

① 佣金比例关系为:爆品>主推品>类目>全店铺。例如,如果全店铺的佣金比例设置为 5%,则类目商品可设置的佣金比例范围为 5%~50%;如果类目商品的佣金比例设置为 10%,则主推品可设置的佣金比例范围为 10%~50%。一个订单中的多个商品,按照对应的佣金比例单独计算联盟佣金。

② 佣金比例生效时间。首次设置的商品佣金比例,设置当日生效。如果是对已经在推广的商品的佣金比例进行修改,那么操作会在 3 个自然日后生效。

③ 设置佣金比例的操作。以类目佣金为例,单击"选择类目"后的下拉列表框,选择要设置佣金比例的类目,输入佣金比例和生效日期(如图 3-31 所示)。

图 3-31 佣金页面

(四) 联盟营销效果追踪

(1) 数据查看路径:"营销中心"—"联盟营销"—"联盟看板"/"流量报表"/"订单报表"/"退款报表"/"成交详情报表"/"我的爆品报表"/"我的主推产品报表"中查看。

(2) 联盟看板:商家可以通过"联盟看板"了解不同时间设置的联盟营销为店铺带来的浏览量、访客量、店铺交易额及需要支付的佣金数额。

二、店铺促销活动

自 2019 年 8 月起,全球速卖通上线了新的活动方式,老版本中的限时限量活动与全店铺打折活动合并成单品折扣活动。目前,店铺自主的促销活动主要有单品折扣、店铺优惠券、互动活动、满减活动等。

(一) 单品折扣

1. 单品折扣相关规则

(1) 单场活动最长支持设置为 180 日,允许活动进行过程中暂停活动(适用于活动设置错误后快速止损),商品所有信息可编辑,编辑后可实时同步到买家端(仅针对参与单品折扣活动的商品);活动进行过程中允许新增/退出商品(无须暂停活动即可操作)及编辑折扣,且这些操作可实时生效。

(2) 单场活动最多支持设置 10 万个商品;支持单个商品设置粉丝/新人专享价,参与某一次单品折扣活动的所有商品,均可按营销需要进行个性化设置。但是大促场景下的单品折扣活动既不允许暂停活动、新增/退出商品,也不允许编辑商品及运费模板。单品折扣活动包含了全店铺打折活动以及限时限量的功能,卖家可以通过"按营销分组折扣"页面快速设置全店铺商品的活动。

2. 创建单品折扣注意事项

(1) 如图3-32所示,可单击"报名[4月年轻趋势节]店铺单品折扣活动"进入活动基本信息设置页面,注意勿在普通入口(即单击"创建活动")进入,否则商品将无法享受大促。

图3-32 报名单品折扣活动

(2) 活动名称、活动起止时间无法修改;活动起止时间为美国太平洋时间;活动全程无法暂停,预热开始后活动即被锁定,禁止编辑活动折扣等信息,也无法进行退出/删除操作。

(二) 店铺优惠券

卖家可以自己设置店铺优惠券金额和使用条件,买家领取后可以在有效期内使用优惠券。店铺优惠券可以刺激新买家下单和老买家再购买,提升店铺购买率及客单价。同一时间段可设置多种店铺优惠券活动,满足不同购买力买家的需求,从而获得更多订单,店铺优惠券也可以通过邮件直接推荐给买家。

店铺优惠券活动可与其他折扣活动同时进行。折扣商品以折后价(包括运费)计入店铺优惠券订单中,产生叠加优惠,更易刺激买家下单。在进行活动时,要注意填写活动名称、活动开始和结束时间、优惠券面额、发送总量、使用条件和有效期。

(三) 互动活动

卖家可设置翻牌子、打泡泡、关注店铺有礼三种互动活动,卖家可自行设置活动时间、买家互动次数和奖品。活动设置完成后,加入对应的店铺页面或者"粉丝趴"帖子中,可快速吸引流量到店。

1. 翻牌子

翻牌子是一种九宫格互动活动,有8张牌对应8个不同的奖励,买家可以通过点击不同的牌获取不同的奖品,其中每张牌对应的奖励可由卖家自行设置(可以有空奖),具体设置页面如图3-33所示。

图 3-33 翻牌子活动设置

2. 打泡泡

打泡泡是一种买家点击发射箭击破泡泡的互动活动,每次游戏有 18 个泡泡,其中的奖励由卖家自行设置(可以有空奖),买家一局游戏只能互动一次,一个买家一天可以玩的次数由卖家自行设置,具体设置页面如图 3-34 所示。

图 3-34 打泡泡活动设置

3. 关注店铺有礼

关注店铺有礼活动一方面可以沉淀粉丝数量,为以后新品破零或大促召回更多有购买潜力的粉丝;另一方面通过关注店铺有礼活动发出去的优惠券,可以促进粉丝下单,提高粉丝下单转化率。店铺可以对关注店铺的粉丝发放红包或优惠券，建议设置全部商品可用的无门槛红包或优惠券，但在设置红包和优惠券时要设置好使用期限，以促进销售转化。关注店铺有礼活动设置页面如图3-35所示。

图 3-35　关注店铺有礼活动设置

（四）满减活动

满减活动是卖家在商品本身单价的基础上，设置订单满多少元，系统自动减多少元的促销活动，可刺激买家消费更多的金额。其主要作用是提高客单价和关联商品转化率，搜索页面可显示满立减标志，店铺首页也具有明显标识，吸引和刺激买家下单。满减活动设置页面如图3-36所示。

图 3-36　满减活动设置

三、平台营销活动

平台营销活动是指由平台组织、卖家参与的主题营销活动,以促进销售为目的,平台作为活动组织方会对参与活动的店铺和商品有一定的要求。符合要求的卖家可以自主报名,在有大量卖家报名的情况下平台会筛选出部分卖家参与。

(一)平台大促活动

(1) 328大促。328大促是全球速卖通平台的周年庆活动,每年都会举行,作为仅次于双十一的大型促销活动,能为卖家输送海量流量,帮助卖家显著提升订单量。

(2) 双十一大促。从大促的力度来讲,双十一是促销力度最大,也是流量最大的营销活动。

平台大促活动主要包含以下几种形式:秒杀活动、主会场五折活动、分会场活动、主题馆、优质店铺推广活动、全店铺折扣活动等。其中,主会场五折活动流量最大,也是小卖家重点竞争的展示位置。

(二)常规性活动

1. Flash Deals

Flash Deals是全站唯一能上首页曝光的活动,是卖家打造爆款的利器,包括Daily Deals、Weekend Deals、Featured Deals。该活动每周五开始招商,每周四审品,一周7天展示,每天更换。该活动对商品的要求有:近30天的销量大于1、包邮、运动鞋折扣35%起、运动娱乐品折扣50%起。其中,Daily Deals是Flash Deals最具代表性的活动,可以看成是全球速卖通上的聚划算;每个店铺只能报名一个商品,要求该商品90天好评率大于或等于90%,全球免邮。

2. 团购和Today deals

团购和Today deals类似秒杀,利润低,主要是走量,以抢曝光和增长信誉为主。针对特定国家的团购活动有一些特定的要求,例如:俄罗斯团购要求严禁提价销售,团购商品要求一口价。报名参加活动时,卖家需要注意一些特殊要求,例如,俄罗斯团购和Today deals不能同时报名。

3. 行业活动及主题活动

(1) 行业活动:根据不同行业的特性,推出专属于行业的主题营销推广活动,如3C数码产品活动。

(2) 主题活动:针对特定主题设定的专题营销推广活动,如新年换新季、情人节大促主题活动。

(三)平台活动报名前的准备

卖家报名平台活动时应谨慎选择,一旦报名成功,就无法退出活动。

(1) 明确活动对店铺和商品的要求。在报名之前,需要明确活动对店铺和商品的要求,一般来说,平台每次推出的活动都有对应的要求,包括销量、好评率、商品评分等。

(2) 关注商品的属性。注意添加的商品一定要符合平台主题,例如活动主题是"秋冬季节专场",就不能加入夏装。

(3)优化上架商品的详情。完善商品的信息质量,对所选商品进行全面的商品属性优化和详情页再优化,以提高商品评分,提升商品入选概率。因此,在上架商品时,要保证图片美观、文字表述正确。

(4)禁止先提价再打折。这一点尤其重要,是报名平台活动审核时最重要的考核要素之一。

(5)确认所选商品的货源,防止出现断货风险,确保所选商品是优质的。

(四)平台活动报名

1. 活动报名流程

(1)进入全球速卖通卖家后台,单击顶部的"营销活动"选项后,再单击左侧"营销活动"下的"平台活动"选项进入"平台活动"页面,在该页面找到想要报名且符合报名条件的活动,并单击"立即报名"按钮(如图 3-37 所示)。

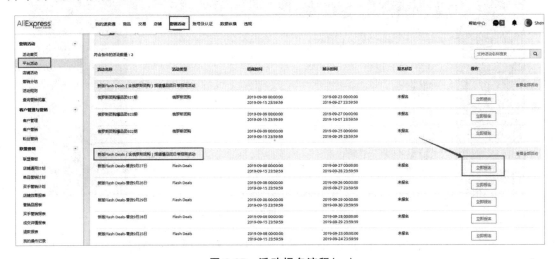

图 3-37　活动报名流程(一)

(2)进入该活动报名详细介绍页面,单击"立即报名活动"按钮(如图 3-38 所示)。

图 3-38　活动报名流程(二)

(3)在弹出的对话框中勾选同意相关协议,单击"下一步"按钮(如图3-39所示)。

图3-39 活动报名流程(三)

(4)在弹出的"选择商品报名"对话框中勾选需要添加的商品,并上传图片,选择完毕后单击"提交"按钮(如图3-40所示)后跳转至"设置折扣率及库存"页面。

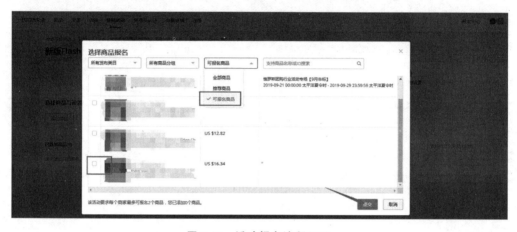

图3-40 活动报名流程(四)

(5)在"设置折扣率及库存"页面中设置折扣力度、库存及限购数量,选择好后单击"提交"按钮即可完成报名,如图3-41所示。

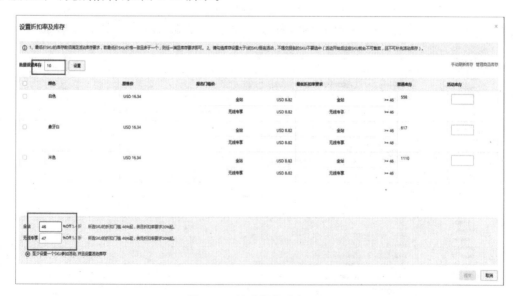

图3-41 活动报名流程(六)

2. 活动报名注意事项

（1）活动商品价格不允许先提价后打折，判定标准为：（原价－实际成交价格）/原价＞50％的商品即为严重先提价后打折商品。

（2）商品报名后需要再仔细检查运费模板是否符合活动要求，若不符合要求应尽快调整运费模板，商品一旦锁定，运费模板就无法再更改。

（五）报名活动成功后的维护

（1）报名成功后，需要做好店铺装修、切片营销和关联营销，以实现参加平台活动效果的最大化，并带动全店销售的效果。

（2）注意客服回复的及时性，提升客服的询盘回复速度，增加客服在线的时长，以满足不同国家和地区的服务需求。

（3）活动结束后应及时发货，做好售后服务，提升好评率，给买家良好的购买体验。

（4）做好定向优惠券、收藏夹和购物车营销等，以配合平台活动的开展，提升店铺转化率。

实训项目

1. 针对年中6.18大促设置全球速卖通店铺满减活动方案。
2. 进入全球速卖通平台，设置一个商品的联盟营销佣金比例。

项目小结

本项目主要介绍了店铺站内、站外营销方式和技巧，以及店铺自主营销相关活动。站内营销推广方式包括店铺的优化、标题优化、关键词优化及直通车；站外营销推广方式包括SNS营销和电子邮件营销。同时，本项目还介绍了设置店铺自主营销活动如联盟营销和一些促销活动的参与步骤和注意事项。

项目四 客户服务

知识目标

了解跨境电商客服的工作目标；
了解跨境电商客服的工作内容和工作思路；
掌握跨境电商客服在售前、售中、售后的主要服务内容及沟通技巧；
掌握售后纠纷的处理技巧，熟悉常用的客服回复模板。

技能目标

能解决客户购物相关疑问；
会引导客户完成交易；
会修改客户中差评；
会处理异常订单；
能妥善处理客户退换货物；
能处理常见的交易纠纷；
会用英文回复客户邮件。

项目导入

一位客户进入苏州某信息科技有限公司开设的全球速卖通店铺 babyonlinedress，经过客服[①]耐心地询问和沟通，客服得知该客户所在的学校马上要开始舞会了，但因为她的身高只有 155 cm，又属于偏胖体型，加上手里资金紧张，很难找到物美价廉且又适合她的裙子，所以她想在全球速卖通上找一家价格合适的店铺量身定制。经过客服的专业解答，该客户认为该店铺的商品很不错，有实物对比图（如图 4-1 所示），可以定制且价格也很合理。

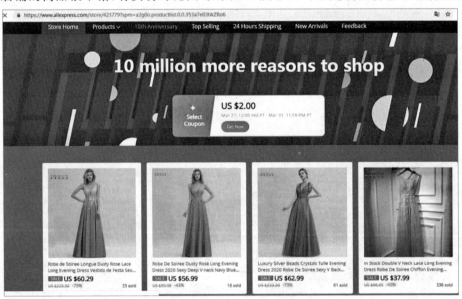

图 4-1　babyonlinedress 店铺

---

① 本章中的"客服"是指从事客户服务工作（接受客户咨询、为客户解答问题等）的人员。——编者注

该客户很快支付了订单,在收到裙子后,还拍摄了不少买家秀。根据经验,babyonlinedress 的客服团队从此客户处发现了商机:此客户是大学生,她的同学、校友都是潜在客户。客服团队根据她即将毕业面临就业的情况,通过多次邮件和电话与其沟通,鼓励她开设网店,并为其提供无积压、零库存、直邮的支持。该客户毕业后开了第一家网店,babyonlinedress 为她的网店提供图片和商品信息,加上她本身丰富的社交经验,这家网店生意"火"起来了。为了扩大经营规模,她开始尝试线上线下相结合的模式。不久后,她又在美国当地开了一家线下门店。现在,她每个月都会从 babyonlinedress 订购 200 多件裙子,与 babyonlinedress 的客服团队不仅成了合作伙伴,而且成了非常要好的朋友。

任务一　认识跨境电商客服工作

任务导入

电子商务专业的小周毕业后,应聘到苏州某信息科技公司的客服岗位。刚进公司时,小周就接受了公司的客服培训,熟悉了客服的工作范畴,学习了跨境电商客服工作的要求和基本内容,了解了境外的客户的购买需求并掌握了解答客户各种疑问的技巧。境外客户的购买习惯和国内客户不一样,支付方式与物流方式也有差异,加上语言和文化差异造成的障碍,客户需要专业的客服引导他们完成购物。因此,跨境电商客服工作内容比国内电商客服更为复杂。

任务流程

第一步:明确跨境电商客服的工作目标

跨境电商客服工作常容易被误解,总被认为客服就是回答客户的一些问题。其实,客服的工作目标不仅是解答咨询和提供服务,还有更多的目标,如维持账号等级水平、降低售后成本、维护好客户、促进再次交易等。

第二步:熟悉跨境电商客服的工作内容

跨境电商客服的工作内容包括解答客户咨询、解决售后问题、促进销售完成及管理监控职能四个方面。

第三步:理清跨境电商客服的工作思路

跨境电商客服要解决客户的问题,需要有正确的工作思路,以便做到随机应变。

第四步:掌握跨境电商客服所需技能

跨境电商客服工作非常复杂,客服要处理的问题也比国内电商难度大,为了能够更好地解决交易过程中的问题,跨境电商客服必须掌握一定的技能。

相关知识

一、跨境电商客服的工作目标

（一）维持账号等级水平

跨境电商平台对店铺的信誉水平及服务能力的要求高于国内电商,全球速卖通平台为了清楚地衡量每个店铺不同的信誉水平和服务能力,设置了店铺服务等级。这是一套针对店铺服务水平的评级机制,分为优秀、良好、及格和不及格。评价等级越高的店铺得到商品曝光的机会越多,如果店铺服务等级处于低位水平,特别是不及格时,店铺的商品的曝光机会及参加各种平台活动的资格都会受到极大的负面影响。因此,想要稳定达到更高的店铺服务等级,离不开客服良好的工作方法和沟通技巧。

（二）降低售后成本

跨境电商的卖家常会使用"免费重发"或者"买家不退货、卖家退款"等高成本处理方式维持客户的满意度,加上跨境物流成本高等因素,导致了店铺的售后成本较高。这就需要经验丰富且擅长沟通的客服在处理境外客户投诉时使用多元化的解决方案。通过合理、巧妙地搭配各种售后服务方式,针对不同情况因地制宜地处理售后问题,并使售后服务的成本控制在合理范围内。

（三）促进再次交易

跨境电商的客服除了解答客户的咨询外,还有一个重要的职责就是促成潜在客户订单成交,或者有效地促成客户再次交易。

二、跨境电商客服工作内容

（一）解答客户咨询

1. 解答关于商品的咨询

客服必须熟悉店铺的商品,能熟记商品的特点,了解商品的特性和优势,能够为客户提供专业的建议,并耐心解答客户提出的各种问题,包括商品介绍、价格、尺码、颜色、材质等。

2. 解答关于服务的咨询

各国电商产业发展程度参差不齐,跨境电商客户常常会面临发货、支付、国际物流和海关申报通关等各种问题,客服要熟悉仓储、报关、报检等流程,了解在线支付费用和各国税收政策,为客户提供各类咨询服务。

（二）解决售后问题

在正常情况下,客户下单之前其实很少会与客服进行沟通,经常是"静默下单"。当客户联系客服时,往往是客户发现了商品或者物流运输等方面的问题,所以客服常常面对的是各种投诉,需要解决各种售后问题。

（三）促进销售完成

客服也承担着一部分销售的工作，即促成交易。客户在平台上首先接触的是客服，具备营销意识和销售技巧的客服能够把潜在客户转化为实际客户，这也是其促进销售的职能。

（四）管理监控职能

跨境电商客服是第一时间了解和解决客户问题的人，客服可以定期将遇到的所有客户问题进行分类归纳，反馈到相关部门以更好地服务客户。

三、跨境电商客服工作思路

解决客户的问题，需要正确的工作思路，客服必须熟练掌握这些思路，同时做到随机应变，对客户进行分类。

（一）提供专业服务、疏导客户情绪

当客户提出问题，或者投诉、抱怨时，客服应该有同理心，用心聆听客户的心声，冷静地为客户分析问题，把客户当作单独的个体来对待，做到"急客户所急、想客户所想"，用良好的服务态度安抚客户情绪。

（二）积极提供解决方案，让客户有选择

客服应在收到客户投诉的第一时间积极地提出解决方案。这样既能给客户留下专业、负责任的印象，又能最大限度地降低处理问题的成本和难度。

（三）坚持主动承担责任，尽快安抚客户情绪

即便有时过错并不在店铺方，客服仍可对客户表明"即使错误不在我们，我们仍然愿意为您解决问题"的态度。这样可以更好地平息客户的怒火，让客户接受提出的解决方案。

四、跨境电商客服所需的技能

跨境电商客服要处理的问题比单纯的国内电商客服多且更复杂。为了能够更好地解决交易过程中的问题，客服应该具备如下技能。

（一）良好的沟通能力

良好的外语理解能力与表达能力是跨境电商客服必备的基础能力，客服要能够与来自不同国家和地区的客户进行沟通和交流，同时还要了解不同国家的文化和语言习惯，以便更好地满足客户需求。此外，客服还需要与团队内部的其他部门进行沟通和协调，以更好地解决客户的问题。

（二）扎实的专业技能

首先，跨境电商客服要掌握客户服务的基本技能，包括如何处理客户投诉、如何提供售后服务等。其次，跨境电商客服要了解跨境贸易的相关知识和技能，包括国际贸易法规、关税、税收、物流等方面的知识；还要了解跨境电商交易中商品开发、物流方式、各国海关清关

政策等各个环节的运作流程，更要对商品的用途、材质、尺寸，以及使用过程中的注意事项等，以便在客户提出疑问时能够及时、准确地做出解答，进而促成客户下单。最后，跨境电商客服还应了解跨境电商平台的交易规则，在不违背相关交易规则的前提下熟练掌握各种交易操作，包括修改商品价格、付款流程、修改评价、关闭交易、申请退款等。

（三）较强的销售能力

跨境电商客服工作是否出色主要还是体现在销售业绩和客户满意度两个指标上，因此跨境电商客服要具备发现潜在大客户的敏锐性，以及具有引导客户下单的能力和持续跟进订单的能力。

（四）高度的服务意识

高度的服务意识是客服必备的基本素质。客服要以客户为中心，耐心、细致地解答客户的问题，积极主动地为客户提供优质的服务和支持，时刻关注客户的需求和体验，帮助客户客观地认识问题，提高客户满意度。

（五）灵活处理问题的能力

因为距离远、运输时间长、运输成本高及各项不确定性因素多，跨境电商售后处理成本往往比国内电商高。客服要能在多种处理方法中，根据实际情况引导客户选择对店铺来说成本最低的处理方案。这就需要客服具备学习能力和适应能力，不断学习和了解新的政策和市场变化，以便及时调整服务策略。

实训项目

1. 在全球速卖通上注册一个买家账号，尝试以买家身份找一个店铺用英文与客服沟通。
2. 收集并整理跨境电商客服常用的礼貌用语。

任务二　跨境电商客服沟通与服务技巧

任务导入

跨境电商客服在工作过程中，会遇到各种与商品相关的问题，如价格谈判、支付方式、物流运费咨询、付款后物流的追踪、尺码标准等，这些都需要他们为客户提供专业的解答。因此，客服必须熟悉公司所售商品，能够洞悉客户的心理，了解客户的消费习惯，准确处理客户提出的各种问题。小王是苏州某信息科技有限公司的客服，为了提高工作效率和客户满意度，他梳理了一套跨境电商服务的流程和一些常用的回复技巧。

任务流程

第一步：售前接待

接到客户的咨询后，客服要快速响应，第一时间回复并介绍自己。即使客户问的问题比较简短、简洁，客服回复的时候也应尽量多给一些信息，尽量让客户得到足够的信息后直接下单购买。

第二步：主动引导客户，促成交易

客服的重要工作内容之一就是促成交易，客服应尽量通过话术引导客户下单：让客户有紧迫感，如提醒客户打折很快结束；利用客户想要获得优惠的心理，告诉他下单就送礼品或优惠券，还可以用包邮或者满减等优惠吸引客户；告知客户此商品是爆款或者新品，库存不多，先买先得。

第三步：下单后主动联系客户

一般客户下单后，最关心的是什么时候能收到货。在客户下单后，客服可以立即发送一封邮件给客户，确认客户的订单信息，并告知客户大概的收货时间。这样，客户购物的愉悦感会大幅度提升。

第四步：解决售后纠纷

遇到客户投诉，客服需要冷静地对待。不管问题责任在谁，客服都应就对客户造成的困扰和不愉快道歉，并让气氛缓和。如果是店铺的问题，建议跟客户协商让其保留商品，并部分退款。协商部分退款金额时，金额应慢慢增加，一般不超过30%。如果是客户的问题，应尽量跟其解释清楚；如果客户强行要退回来，要有专人检查，若检查出来问题不在店铺，则不予退款。如果商品有小问题，如拉链问题，客户可以在当地修改的，推荐客户当地修改，并补偿一定金额。

第五步：鼓励客户给好评

有的客户收到商品后不会给予反馈，这时客服可主动联系客户，通过给优惠券的方式鼓励客户好评并发布买家秀。

相关知识

一、售前沟通与服务

售前沟通主要解决客户关于商品信息的咨询问题，如价格、规格型号、数量、库存、运费、运输等问题，并催促客户尽快下单。跨境电商客服的主要目标是提供信息、促成交易。

（一）无法完成下单相关问题

面对这类问题，客服首先自己应熟悉购物流程，然后解答客户疑问并引导客户完成下单。

（二）没有所需要的尺寸或颜色相关问题

面对这类问题，客服可以根据客户的需求推荐类似的商品。

（三）价格能否优惠相关问题

面对这类问题，客服应强调利润已经很低了，最多只能多买才可以给予适当优惠。

（四）付款相关问题

客户通常会咨询付款的方式，客服可以告诉客户店铺支持的付款方式，并强调付款的安全性。

（五）订单被关闭相关问题

客户下单后，客服要及时提醒其完成支付，告知客户订单支付截止日期。如果客户没有及时支付导致订单关闭，可以给一定的折扣让其重新下单，挽回客户。

二、售中沟通与服务

售中是指从客户下单后到签收货物这个阶段，售中沟通与服务是体现店铺服务质量的重要环节。售中沟通与服务主要包括发货确认、解决物流问题、告知客户物流信息等，以让客户了解商品动向。

（一）收到订单

客户在下单之后不一定会及时付款，对于已拍下商品但未付款的订单，不可以简单地关闭订单，而要根据实际情况进行区别对待：针对下单后半天至两天内未付款的订单，可以通过订单留言、聊天工具留言等方式催付款，提高付款率；针对下单超过两天未付款的订单，一般来说可以直接关闭。对于已经付款的客户，客服要及时告知发货信息。

（二）客户付款后的处理

1. 买方已付款，但库存无货

对于这种情况，客服可直接向客户推荐类似的商品，并提供相应的链接。如果客户经过考虑后决定取消购买，那么客服可以告诉客户取消流程。

2. 资金未通过审核

当因客户的资金未通过风控部门的审核而使订单被关闭时，客服要给客户留言，告诉他可以下一个新的订单，然后用别的支付方式付款，要尽量留住客户。

3. 资金通过审核且有库存

当资金通过风控部门的审核且有库存时，客服也要跟客户确认地址和电话，此外为了避免通关可能遇到的问题，客服要先和客户沟通报关单上的货名与货值。

4. 通知发货

客户下单付款后都希望能尽快收到货物，因此发货后，客服应及时告知客户物流运送情况。

（三）物流跟踪

商品已发出，并不意味着客服的工作就结束了，货运过程中也有可能出现各种问题，客服要经常跟踪包裹物流信息并及时告知客户，争取好评。

（四）关联营销推荐

客服的工作不仅是回复客户的各种咨询，而且要利用这个免费的流量做好销售引导、提高客单价和转化率，关联营销推荐的方式主要有三种。

1. 推荐类似或关联商品

如果客户咨询后仍对商品不满意，客服可以根据其需求推荐类似商品。客服也可以在客户下单时给其推荐一些搭配商品或店铺活动商品。

2. 推荐订阅店铺

如果客户下单了，客服可以以更方便接收商品活动信息为由推荐其订阅店铺。

3. 推荐特殊商品

客户咨询时，客服可以向其推荐店铺的活动商品或新品。

三、售后沟通与服务

客服的主要售后工作内容就是差评处理。好的评价能给店铺带来更多的曝光机会和交易的转化。较多的差评会导致店铺的信誉水平下降，进而影响到店铺的曝光度和客户的选择。

对于差评，客服一定要及时处理。对于差评的处理，可以分为两个阶段：收到差评前和收到差评后。

（1）在收到差评前，客服就需要对店铺的商品和整个销售环节进行思考，并查看平台上类似商品的评价，了解竞争对手都收到了哪些差评，或者评价中提得较多的问题有哪些，从而对比自家商品，梳理一套完善的客户服务流程。

（2）收到差评后，客服也应及时与客户沟通，了解原因，如果是商品出了问题，要先向客户道歉，并给出合理的解决方案，如退款、换货、补发等。客服在回复客户时，要尽量主动承担责任，争取得到客户的谅解。差评处理得好，甚至可以让店铺获得一个忠实客户。

除此之外，客服还可以提高服务质量，多争取客户的好评，稀释店铺的差评。

四、客户维护

客户维护主要包括日常维护和推广宣传。

（一）日常维护

日常维护主要内容有：与客户保持沟通，节日的问候，过生日时送上祝福、优惠券或小礼物等。

（二）推广宣传

客服可以推荐客户订阅店铺，客户订阅后，可以定期收到店铺最新商品信息和店铺活动信息。

常用回复模板

实训项目

1. 制作1~2种英文贺卡或者优惠券。
2. 收集并学会运用外贸电商常用促销语。

项目小结

跨境电商岗位中，跨境电商客服是必不可少的重要角色。在跨境电商各岗位中，客服是唯一能够跟客户直接沟通的岗位。客服工作做得好，会给客户带来更舒服的体验。好的客服能提高店铺成交率、提升品牌口碑、改善客户体验、促成二次购买、优化店铺指标。

本项目对跨境电商客服的工作目标、工作内容、工作思路、所需技能进行了详细阐述，同时介绍了在售前、售中和售后不同阶段的沟通与服务技巧。

项目五 数据分析

知识目标

了解数据分析的作用；
熟悉数据分析主要指标的含义及应用领域；
熟悉数据化分析的主要流程和方法；
熟悉全球速卖通"生意参谋"的应用方式；
熟悉跨境电商数据化引流的方法；
掌握跨境电商数据化经营的方法；
掌握直通车数据分析的方法。

技能目标

能看懂数据分析指标；
能运用数据分析引流；
能运用数据分析优化点击率和转化率；
能运用数据分析优化店铺运营；
能运用"生意参谋"分析数据；
会进行直通车效果分析。

项目导入

苏州某信息科技有限公司从 2012 年成立至今，业务获得高速发展，商品已远销 200 多个国家和地区。该公司在多年的运营中积累了非常多的电商数据，并灵活运用这些数据进行选品、定价，以及了解国际市场的情况和客户需求。全球速卖通的数据常常会影响到店铺运营的情况，因此卖家要对全球速卖通提供的各个数据进行专业分析。这样做有利于优化店铺指标，同时有助于店铺增长流量、提高转化率。

该公司的运营团队在长期运营店铺的过程中得出结论：一个运营体系包括商品和客户两个端点。要想更好地为客户提供合适的商品，或是为某一商品寻找合适的目标客户，都离不开三个关键点：流量（引流）、转化（优化）、客户黏性（营销）。卖家做的营销活动只是尽可能在前期将更多流量引入店铺，但是如何实现中期转化，及保持后期客户黏性，则需要进行数据分析，并根据分析结果采取具体的措施。

任务一　认识跨境电商数据分析

任务导入

跨境电商卖家不仅要懂得营销，更要能看得懂店铺的经营数据，通过分析经营数据，发现问题，解决问题。

苏绣作为苏州某信息科技有限公司的负责人，近年来带领团队不断发展，已逐渐形成了婚纱礼服及配饰等商品设计、生产及销售的全供应链，商品远销 200 多个国家和地区。但在实际的销售过程中,她发现不同国家和地区的消费者的购物模式、购物习惯都不相同,消费者的购买力及喜好也不一样。为此,苏绣团队决定运用数据分析来调整不同海外市场的发展战略。

任务流程

第一步:明确数据分析目标

数据分析前一定要明确数据分析的目标,才能根据目标选择相关数据,这是数据分析的前提条件,也为后续的数据收集提供指引。跨境电商店铺数据分析的主要目的是从平台提供的大量的交易数据中推导出对店铺有运营价值的信息,为店铺提供经营决策支持。

第二步:掌握数据相关指标

数据分析过程会涉及大量的专业术语,卖家要想深入进行数据分析就需要掌握流量、转化率、跳失率、平均访问深度等数据分析的相关指标。

第三步:收集数据

明确数据分析的目标后,卖家就需要梳理数据分析思路,再根据数据分析目标和具体指标,进行数据收集,并采用恰当的数据分析工具对收集的数据进行分析,得出分析结果。例如,卖家只有收集了访客数和转化率相关数据,才能对转化率和流量的相关性进行分析。

第四步:分析处理数据

分析处理数据是指对大量的杂乱无章的数据进行抽取、整理、加工,并应用适当的数据处理方法提炼出对解决问题有价值的数据,并根据数据分析目标对这些数据进行详细分析,最终得到有价值的数据分析结果。卖家可以采用一些数据分析工具(如 Excel)和一些数据分析方法(如描述分析法、趋势分析法、对比分析法等),对数据进行清洗、转化、计算等分析和处理。

第五步:优化改进

一般情况下,数据分析结果通过相关图表方式展现,如饼形图、柱状图、条形图、散点图、气泡图、雷达图等,并形成分析报告。店铺经营者可以根据数据分析报告调整运营策略,对店铺运营进行优化改进。

相关知识

一、数据分析的作用

(一)辅助经营决策

卖家通过数据分析可以从杂乱无章的店铺经营数据中发现规律,获得对店铺有价值的信息,为提升经营业绩和服务水平提供依据和改进方向。

1. 及时发现店铺运营中的问题

卖家需要随时监控全店各类数据,及时发现数据的异常,并对症下药。例如,从图 5-1 中可以看到:APP 端支付金额减少了,这可能是由于某个商品的支付金额减少了;老买家的支付金额减少了。针对这种情况,卖家可以在 APP 端的装修和优化方面多投入精力,提高转化率;可以给老买家发一封营销邮件,介绍店铺的新品,同时给老买家发送优惠券,从而增加客户黏性,提高成交量。

图 5-1　某店铺一个月的成交概况

2. 建立商品档案

对每一个商品进行长时间的数据统计,就可以发现其销售和市场需求的规律,好好利用这个规律,在一定程度上可以帮助卖家提升商品销量。在 Google Trends 中搜索关键词 wedding dress,选择国家为美国,时间为整个 2019 年度,可以看到搜索关键词 wedding dress 2019 年在美国的搜索热度变化趋势(如图 5-2 所示)。

3. 多角度对比分析

一般一家店铺的经营数据种类会很多,可以对这些数据进行收集、整理,并从多角度对其进行分析。如图 5-3 所示是店铺流量来源分析对比,就是将店铺流量的来源从 APP 端和非 APP 端进行数据分析。从图 5-3 可以看出 APP 端商品页面的流量占比比非 APP 端商品页面的流量占比多了近 25%,所以此时卖家应对非 APP 端的商品详情页进行优化。

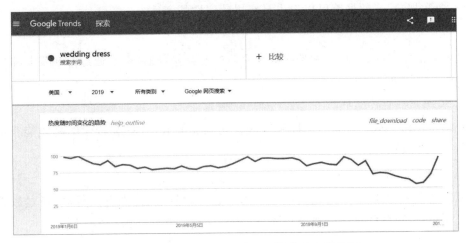

图 5-2 “wedding dress”关键词搜索热度趋势图

03-08 APP

商品页面	1,997	27.69%
搜索	1,337	18.54%
站外流量	742	10.29%
其他	715	9.92%
会场	0	0.00%
买家后台	211	2.93%
收藏夹	84	1.16%
导购频道	1	0.01%
购物车	93	1.29%
自主访问	102	1.41%
店铺页面	75	1.04%
首页	1,854	25.71%
内容	0	0.00%

03-08 非APP

商品页面	16	2.94%
搜索	79	14.52%
站外流量	71	13.05%
其他	316	58.09%
会场	7	1.29%
买家后台	0	0.00%
收藏夹	2	0.37%
导购频道	5	0.92%
购物车	14	2.57%
自主访问	30	5.51%
店铺页面	3	0.55%
速卖通首页	1	0.18%

图 5-3 店铺流量来源分析对比

(二) 降低经营成本

卖家可以通过对基础数据进行分析,根据分析结果优化资源配置,优化业务流程,从而实现增加利润、减少成本、降低风险。例如,卖家在设置优惠券时,可以通过分析客户相关数据及以往活动数据,结合平台约束条件等计算出如何设置优惠券的面值和数量才是最合理的。

(三) 挖掘市场机会

数据分析的核心在于通过对相关数据的分析,挖掘出隐含的有价值的信息,而不是简单的数据计算。例如,通过对相关数据进行分析找出相互关联的商品,进而为客户提供个性化的商品推荐。

二、跨境电商数据分析目标

1. 选品

选品是经营店铺的第一步,也是店铺运营的基础,掌握正确的选品方法是卖家的必修课,通过行业数据、搜索数据等可以选出具有爆款属性的商品。

2. 引流

流量是店铺经营的关键,流量是需要卖家监控的重要数据,卖家通过分析流量来源可以制订有效的引流方案。

3. 优化点击率和转化率

点击率和转化率是与店铺的生存和利润密切相关的数据,只有转化率高才能获得更多的利润,店铺才能稳步发展。

4. 优化店铺运营

在运营过程中,卖家可以通过数据分析判断趋势,并以此开展有效行动;通过数据分析还可以发现问题,并有针对性地解决问题。

三、跨境电商常用的数据指标

(一)运营指标

1. 浏览量

浏览量是指在统计周期内,客户浏览网站页面的次数,客户每访问一个网页就会增加一个访问量,多次打开或刷新同一页面,该指标均累加。

2. 收藏量

收藏量是指单品和店铺被收藏的数量,收藏量大说明客户对商品或店铺感兴趣及有购买意向,还可以为店铺带来自主流量,转化率也比较高。

3. 访客数

访客数(也称 UV)是统计店铺或页面访客数量的指标,是到达店铺或页面的客户数去重后的数值,即同一客户从多个渠道、多次访问只被计算一次。多天的访客数为每天访客数累计后去重的数值,也就是说同一个人在一段时间访问了店铺或页面多次,也只会被统计一次。

4. 曝光量

曝光量是指商品信息在网站被客户看到的次数。曝光量主要有两种统计途径:一是客户通过关键词搜索,信息展示在搜索结果页面中,统计进入曝光量;二是客户通过类目导航浏览商品,信息展示在搜索结果页面中,统计进入曝光量。

5. 点击量

点击量是指统计周期内客户点击商品的次数,是用来衡量网站流量的标准。

6. 展现量

展现量是指统计周期内商品获得的展现次数,展现量体现了商品关键词的质量和创意的好坏。

7. 跳失率

跳失率是指来访客户浏览了网页就离开的访问次数占该网页总访问次数的比例。跳失率的高低反映商品对客户是否具有吸引力。

（二）流量指标

店铺如果没有流量，就意味着没有客户访问店铺，那么长久下去店铺最终会面临倒闭的风险，因此流量指标是店铺的重要监控对象。跨境电商店铺的流量有以下几种类型：

1. 免费流量

免费流量是指没有付费做广告推广，而是通过关键词搜索等途径进入店铺中的客户流量。这类流量是店铺最想要的流量，而且精准度也比较高。

2. 付费流量

付费流量是指通过投放广告、按点击率计算费用等方法引入的客户流量。这样的流量精准度高，只要花钱就可得到，常见的有淘宝客、钻石展位、直通车及平台的各种活动等。付费流量会增加成本，卖家投入时应确保有利润。

3. 自主流量

自主流量是指客户自主访问店铺获得的流量，这类客户通常是之前在店铺中已经有过成功的交易经历，因此才会通过直接访问、收藏宝贝/店铺、购物车等渠道回访店铺，这类流量十分稳定且转化率很高。

4. 站外流量

站外流量大多来自帖吧、论坛、社区、微博等，可以靠卖家自己发帖推广，也可以雇佣他人进行推广。这种流量的精准度不高，所以，对于付费的站外流量，卖家一定要慎重考虑，并且应选择性价比高的商品来进行推广。

另外，访客数、浏览量是常用的衡量流量多寡的数据指标，而平均访问深度、平均停留时间和跳失率是常用于衡量流量质量优劣的数据指标。

（三）推广指标

1. 点击率

点击率＝点击量/曝光量。点击率是反映商品是否满足客户需求、是否使客户感兴趣的重要指标。如果点击率较高，说明客户对商品感兴趣并愿意进一步查看商品详情。点击率的高低直接影响商品的质量得分，影响点击率的因素主要有推广图片、标题、价格、成交记录、促销活动等。

2. 转化率

潜在客户在店铺完成一次订单叫一次转化，转化率就是转化次数和访问次数之比，转化率可以衡量网络营销的效果。转化率是卖家在店铺运营中关注的核心。单品的转化率应重点关注流量优化、商品优化、服务优化。店铺转化率更多的是看热销商品的转化率，主要关注平均停留时间、热销款流量的去向及老客户营销。

实训项目

1. 如果设定人群定向分组的目的是选出精准需求的人进行精准投放，那么应关注哪些指标？
2. 提高店铺流量的方法有哪些呢？

任务二 "生意参谋"的应用

任务导入

数据化运营是电子商务的发展趋势,也是现代商业运营的核心竞争力。数据分析是未来电商从业者必备的技能,也是卖家构建产品线、制订精准营销计划的关键。全球速卖通基于大数据时代电商的需求,研发出了专业的数据营销工具——"生意参谋"(没有升级之前叫"数据纵横","数据纵横"仍可使用)。"生意参谋"可以给卖家提供准确的数据基点及数据走势,从而更好地帮助卖家调整产品布局,决策店铺营销方向,提升销售业绩。"生意参谋"页面如图5-4所示。

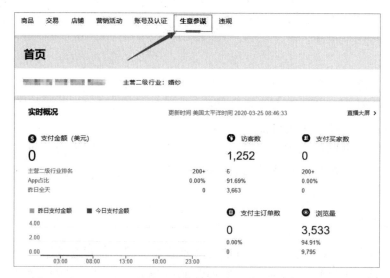

图 5-4 "生意参谋"页面

苏绣团队也开始借助"生意参谋"对店铺数据进行分析,以全面了解公司各店铺的运营状况,全方位掌握商品销售的信息,不断调整、优化店铺的经营策略。小张是公司数据分析部门的负责人,为了提升公司数据化经营的效果,他准备对部门工作人员进行培训,以使他们熟练应用"生意参谋"等进行数据分析。

任务流程

第一步:通过"市场大盘"进行行业分析

企业想要在行业中立于不败之地,就必须充分了解市场的行情变化,了解主营品类在行业中的市场份额。通过对"市场大盘"中的行业趋势、行业构成等的分析,可以对企业所属的行业进行进一步了解(如图5-5所示)。

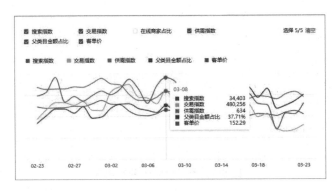

图 5-5 行业趋势分析图

第二步：通过"国家分析"了解目标市场及客户

"国家分析"可以帮助卖家对高 GMV、高增速的国家进行分析（如图 5-6 所示），从而可以针对热销国家重新定位商品，进而打开热销国家的市场，给店铺带来更多的机会。例如，选择"美国"来细分市场，就可以根据客户所在城市、子订单均价、年龄、性别、网购偏好、下单支付时间等属性构建客户画像（如图 5-7～图 5-12 所示），从而找准自己要切入的目标人群。

图 5-6 国家分析

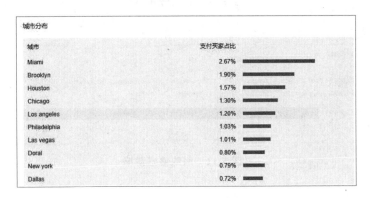

图 5-7 城市分布情况

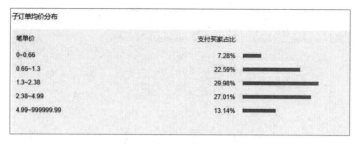

图 5-8　子订单均价分布情况

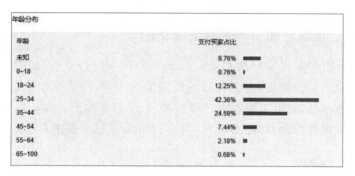

图 5-9　年龄分布情况

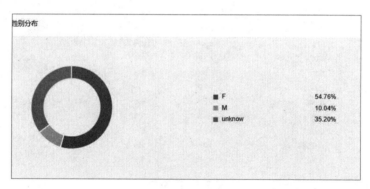

图 5-10　性别分布情况

图 5-11　网购偏好情况

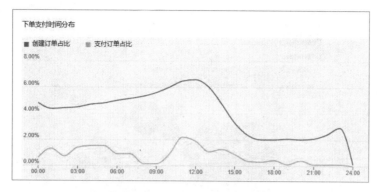

图 5-12 下单支付时间分布情况

第三步：通过“搜索分析”找到热搜关键词，优化标题

当卖家确定好国家市场，做好商品调研之后，就需要找到与商品相关的热搜关键词，这时可以利用全球速卖通后台给卖家提供的“搜索分析”功能（如图 5-13 所示），分类目、分国家查询最近 7 天或者最近 30 天买家搜索的热门词、飙升词、零少词，卖家可以以此为依据优化商品标题，从而增加商品的搜索量和店铺流量。

搜索词		是否品牌原词	搜索人气	搜索指数	点击率	支付转化率	竞争指数	Top3热搜国家
wedding dress	查看商品	N	275,707	2,962,104	45.94%	0.01%	45.61	美国 英国 波兰
vestido de noiva	查看商品	N	90,670	1,019,745	46.34%	0.01%	34.02	巴西 西班牙 墨西哥
свадебное платье	查看商品	N	63,768	849,585	48.56%	0.00%	32.22	俄罗斯 乌克兰 白俄罗斯
dress	查看商品	N	314,526	717,256	15.74%	0.03%	2.02	美国 波兰 俄罗斯

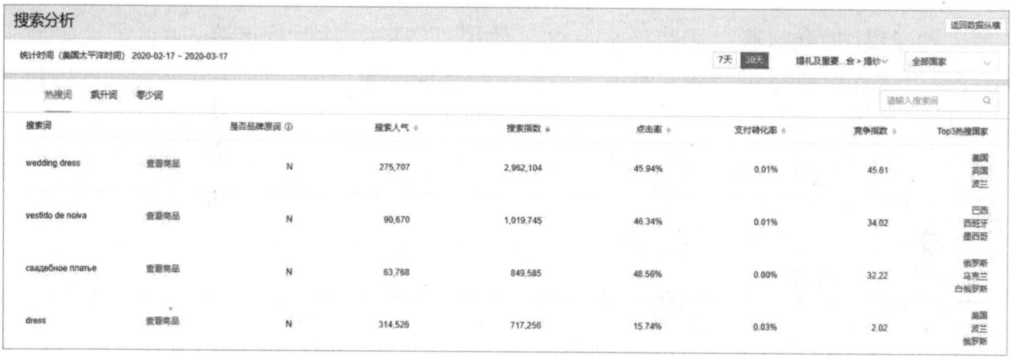

图 5-13 “搜索分析”页面

第四步：利用“选品专家”选品

“选品专家”选品有两个方向：热销和热搜。卖家可以选择其中一种（或先后从两个方向）进行选品（“选品专家”页面如图 5-14 所示）。热销反映的是卖得好的商品，热搜反映的是买家需求。“热销”选项卡下面，可以通过“行业”“国家”“时间”三个维度来筛选数据。“行业”可以选择细分类目（细分至四级类目），“国家”可以选择“全球”或某一个具体国家（包括俄罗斯、美国、巴西、西班牙、法国、以色列、荷兰、波兰、英国、乌克兰等十个国家）。“时间”可以选择“最近 1 天”“最近 7 天”“最近 30 天”。图中圆圈的大小代表该类商品的销售好坏，圆圈的颜色代表竞争程度。单击相应的圆圈可以看到 TOP 关联商品、TOP 热销属性和热销属性组合。

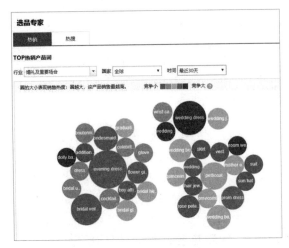

图 5-14 "选品专家"页面

相关知识

一、"生意参谋"及其功能

"生意参谋"是全球速卖通基于平台海量数据打造的一款数据产品,涵盖了卖家在运营店铺过程中需要对比分析的所有数据。"生意参谋"提供的数据,可以为卖家进行店铺营销指导方向。目前"数据纵横"与"生意参谋"同时能为卖家提供数据分析服务,在"生意参谋"的首页就可以切换到"数据纵横","生意参谋"主要有"市场大盘""选品专家""商铺分析""实时概况""商铺概况"等功能。

二、数据化选品

(一)数据化选品分类

跨境电商卖家面对的是全世界各个国家各种不同文化下的客户,如何选择符合客户需求的商品是做好跨境电商的第一步。在数据化运营的趋势下,数据化选品也是卖家需要掌握的最基本的技能之一。全球速卖通平台数据化选品分为站内选品和站外选品两类。

1. 站内选品

站内选品是指卖家利用全球速卖通平台提供的工具去选择市场、类目或商品。该方法的优点是卖家容易发现爆款、引流款、平台活动款等对目标客户具有较强吸引力的商品,从而使店铺在初期运营时就能获得一定的流量。这一方法的缺点是加剧了平台商品同质化的现象,使小卖家店铺的成长空间被大卖家严重挤压,从而影响了平台的整体效益。

2. 站外选品

站外选品是指卖家利用除全球速卖通以外的平台或工具去选择市场、类目或商品。WatchCount 和 WatchedItem 是两个常用的站外选品工具。前者可以获取某个站点下的关键词所对应的商品的销量、标题、售价及类似款等信息，从而帮助卖家进行选品；后者通过展示某个站点下关键词对应的商品款式帮助卖家进行选品。

（二）数据化选品工具

1. 利用“市场大盘”选品

“生意参谋”中的“市场大盘”是一个能从访客数占比、订单数占比等多方面供需指数，展示除一级类目外的其他行业类目数据的工具。“市场大盘”中提供了“行业趋势”（如图 5-15 所示）、“行业构成”（如图 5-16 所示）和“国家构成”（如图 5-17 所示）三个模块，可以帮助卖家了解所在行业的具体情况。一般来说，卖家选择竞争程度相对较低且具有良好发展潜力的行业会更好。

图 5-15 行业趋势

行业构成

排名	行业	搜索指数	交易指数
1	Special Occasion Dresses 较前一日	44,277 -4.82%	178,486 -8.14%
2	Wedding Dresses 较前一日	31,384 -6.98%	240,465 +16.50%
3	Wedding Party Dress 较前一日	27,167 -6.55%	125,140 +54.90%
4	Wedding Accessories 较前一日	26,529 -7.77%	125,876 +4.22%
5	Bespoke Occasion Dresses 较前一日	7,366 -15.35%	0 0.00%
6	Formal Occasion Dresses 较前一日	7,010 -10.85%	0 0.00%

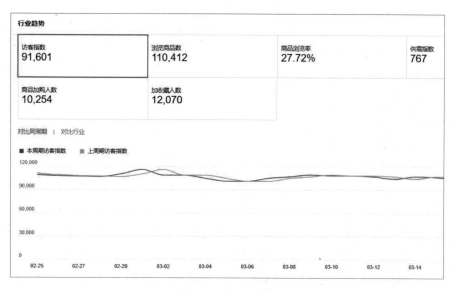

图 5-16 行业构成

国家构成

排名	国家&地区	访客指数	浏览商品数
1	俄罗斯 较前一日	30,822 -5.34%	32,083 -4.11%
2	美国 较前一日	25,431 -4.77%	34,453 -3.13%
3	巴西 较前一日	21,693 -3.47%	19,877 -6.37%
4	西班牙 较前一日	20,331 -4.75%	20,934 -8.58%
5	法国 较前一日	19,209 -4.91%	24,246 -4.76%
6	波兰 较前一日	17,164 -10.07%	15,885 -1.87%
7	意大利 较前一日	14,353 -2.67%	16,218 -3.25%
8	墨西哥 较前一日	14,113 -6.62%	15,660 -8.47%
9	加拿大 较前一日	9,074 -15.91%	10,802 -6.86%
10	乌克兰 较前一日	8,911 -6.42%	6,896 -6.41%

图 5-17　国家构成

2．利用"选品专家"选品

全球速卖通"选品专家"以行业为维度，提供行业下热卖商品和热门搜索关键词数据，让卖家能够查看海量丰富的热卖商品资讯并多角度分析买家搜索的关键词。卖家可以根据"选品专家"提供的内容调整店铺商品，优化关键词设置。"选品专家"页面如图 5-18 所示。

图 5-18　"选品专家"页面

（三）数据化选品方法

1．选品方式

（1）确定主营商品线

做好全球速卖通，选品是关键，卖家在开店前要确定好主营商品线，最好优先考虑目前已有的资源。

(2) 充分了解目标市场

不同的市场需求是不同的。美国和西欧发达国家的消费群体看重的是品牌和品质,欧洲二线国家的消费群体看重的是性价比,而东南亚的消费群体看重的是价格。针对不同地区消费者的不同消费偏好,跨境电商卖家应从风俗、宗教、气候等多个方面对目标市场进行了解,才能够确保选品正确,避免踩到雷区。

(3) 多渠道发现产品趋势

卖家可以关注一些社交网站、流行博客等,以便掌握最新的商品趋势。有一些博客、网站经常会每日更新的商品趋势,卖家可以根据这些博客、网站等来了解市场信息。

(4) 巧妙利用选品工具

通过卖家后台的"生意参谋"—"选品专家"的筛选功能,卖家可以清晰地了解到热销和热搜的三级类目。其中,热销表示近期买家搜索量比较大、市场需求比较多的商品,卖家对这类商品要重点关注。

2. 数据化选品策略

数据化选品是从泛选品到精选品的过程,具体过程如下。

(1) 泛选品。在泛选品的过程中,卖家应优先选择处于热销中的均价以下的商品,例如,智能手表价格区间在8~14美元,均价11美元,那么建议卖家选择11美元以下的智能手表。店铺前期可以铺设产品线,重点产品重点上,非重点产品也可以适当上。

(2) 精选品。通过1~2个月的沉淀,再进行数据分析,此时就能看出,哪个品类出单好、表现好,这些品类的产品可以重点上架。经过1~2个月的上新,店铺的产品结构会越来越清晰,并逐渐聚焦到某个或者某几个子类目中。

面对平台不断地改革与调整,卖家要做的就是随平台而变,最好能够前瞻性地预测平台走向,提前做好准备。

(四) 选品应注意问题

1. 选对平台数据指标

选品时,卖家应该重点分析平台行业市场规模、销量、品牌数量、国内外卖家数量、价格区间分布、各属性权重、同类商品销量等指标。

2. 选好数据收集工具

Excel是比较常用的数据分析工具,例如,收集1000个商品的数据,利用Excel对这些数据进行分析就能找到哪些商品适合作为店铺的重点商品。

3. 合理选择分析方法

(1) 品类趋势法

品类趋势法是指卖家通过商品的总额和销量来判断市场大小、客单价,一年有几个上升期和下降期,并对比历史数据,判断当前商品处于上升期还是下降期,如果商品当前处于下降期则不建议开发。

(2) 竞争热度分析

竞争热度分析是指通过国内外卖家数量,了解商品的竞争情况。建议选一些国外卖家占比大的品类,因为国内卖家的供应链环境、信息环境相差不大,竞争往往更加残酷。同时,还要了解大卖家、大品牌的市场占比,如果他们市场占比超过了50%,小卖家再去做相关商品,就几乎没有竞争力。

(3) 价格区间分析法

价格区间分析法是指卖家收集并分析各个价格区间的商品数据,并以此判断店铺应经营哪个价位的商品。

三、数据化引流

(一)查看流量看板

单击"生意参谋"—"流量看板",可以看到流量总览(如图 5-19 所示)和国家排行(如图 5-20 所示)等详细数据。

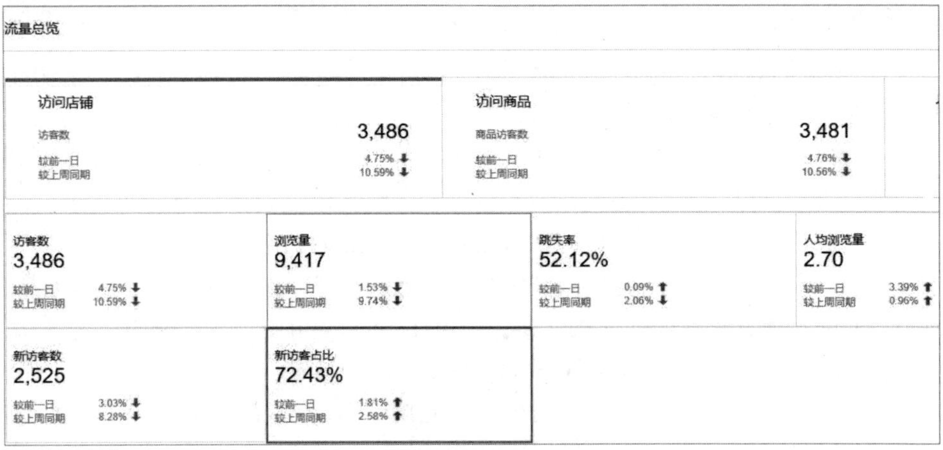

图 5-19 流量总览

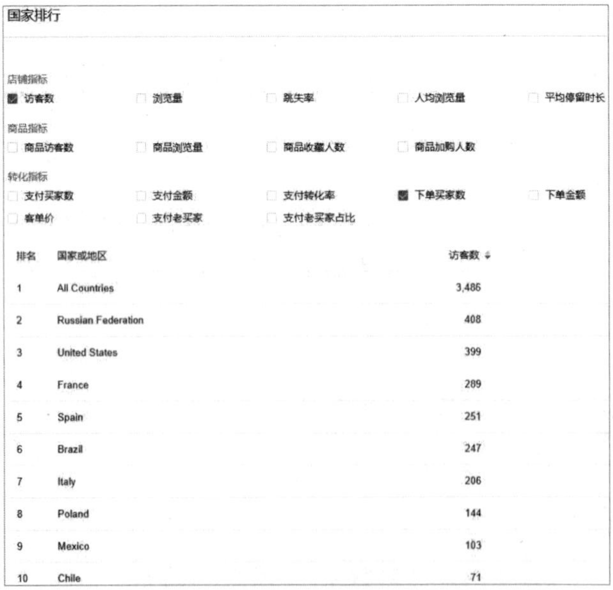

图 5-20 国家排行

在"国家排行"中,可以看到店铺最近一段时间的访客数、浏览量、跳失率,还可以看到访客主要来自哪些国家。通过这些数据,卖家可以分析店铺经营的商品是否适合当前市场,并根据实际情况做出调整,提升店铺的流量。

(二)分析流量来源数据

店铺的流量可能来自各个渠道,卖家可以根据流量来源渠道及各个渠道的流量占比情况,分析店铺流量问题,并有针对性地进行优化。

1. 搜索流量

搜索流量是指买家通过在平台的搜索框中搜索关键词浏览店铺商品带来的流量,也称为自然搜索流量。

2. 类目流量

类目流量是指买家通过平台的导航栏浏览店铺商品带来的流量,是店铺流量的重要组成部分。

3. 买家后台流量

买家后台流量是指买家点击展示在买家后台的店铺商品带来的流量。

4. 购物车流量

购物车流量是指买家通过平台的购物车浏览店铺商品带来的流量。

5. 活动流量

活动流量是指买家从平台的活动页面中浏览店铺商品带来的流量。

6. 店铺首页流量

店铺首页流量是指买家浏览展现在店铺首页的商品带来的流量。

7. 平台首页流量

平台首页流量是指买家通过平台首页浏览店铺商品带来的流量。

8. 导购频道流量

导购频道流量是指买家通过平台导购频道进入店铺带来的流量,如新人专区、有好货、行业馆、低价频道等。

9. 收藏夹流量

收藏夹流量是指买家通过访问自己的收藏夹进入店铺带来的流量。

10. 站外流量

站外流量是指通过非平台网站进入店铺带来的流量。

(三)数据化引流策略

1. 分析影响流量的重要指标

影响流量的重要指标有店铺活跃度、店铺违规扣分情况、卖家服务等级等,卖家可针对上述指标的具体情况有针对性地进行调整。

2. 优化相关商品信息,提升引流效率

(1) 商品发布时要选择正确的类目。只有类目选择正确,与商品相关性高,客户才能通过这个类目找到商品。

(2) 标题和商品关键词与客户搜索的关键词匹配度一定要高。

(3) 做好关联营销、店铺装修、商品主图等,实现流量最大化。

(4) 提升服务水平和客户满意度,加强客户回访,引导客户收藏店铺或商品,给客户发放定向优惠券等。

(5) 参加平台营销活动,正确设置营销活动,增加店铺流量。

(6) 利用联盟营销引流,灵活调整联盟营销佣金,寻找网红加盟营销增加流量。

(7) 利用 SNS 营销等方式推广店铺。

(四) 数据化引流案例

1. 流量分析

图 5-21 为某店铺的一款婚纱商品展示。图 5-22 为这一款婚纱的流量分析,数据显示:"访客-收藏转化率"较前一日下降,"访客-加购转化率"也有下降。

图 5-21 某店铺婚纱展示

图 5-22 流量分析

2. 优化分析

进入到全球速卖通卖家后台,单击"生意参谋"—"商品分析",可以查看这款婚纱的流量来源。单击"关键词分析"选项卡,可以看到搜索关键词分析和浏览关键词分析(如图 5-23 所示)。通过数据可以发现,搜索曝光量高的关键词不一定会有高的浏览量,这些曝光就是无效曝光。

搜索关键词分析		浏览关键词分析	
关键词	搜索曝光量	关键词	浏览次数
1 wedding dress	3795	1 свадебное платье	117
2 wedding dress 2020	2624	2 wedding dress 2020	109
3 vestido de noiva	1392	3 свадебные платья	63
4 свадебное платье	1362	4 vestido de noiva	55
5 vestidos de novia 2020	1041	5 свадебное платье 2020	52
6 dress	1026	6 wedding dress	223
7 свадебные платья	898	7 vestidos de novia 2020	33
8 свадебное платье 2020	861	8 vestido de novia	33
9 vestido de novia	833	9 dress	23
10 платье	693	10 платье	22

图 5-23　商品关键词分析

3. 优化思路

优化商品信息,尽可能地让曝光带来浏览量,这样才能提高商品的转化率。通过图 5-22 可知,这是一款比较飘逸简洁又不失性感的婚纱,肩部采取了透明接头网设计,适合户外拍摄时穿着。对于该商品,卖家可先优化标题,标题应展现这款婚纱的特性,让有这些需求的客户通过搜索关键词就能浏览该商品。

通过全球速卖通平台提供的"搜索分析"中找到婚纱类目热搜词,在如图 5-24 所示的页面的右上角选择"婚纱"类目后,会出现该类目的热搜词(如图 5-25 所示)。

图 5-24　选择类目

搜索词	是否品牌原词	搜索人气	搜索指数	点击率
wedding dress	查看商品 N	33,155	404,092	46.53%
dress	查看商品 N	149,222	309,413	13.49%
платье	查看商品 N	46,198	212,730	21.76%
wedding dress 2020	查看商品 N	15,130	158,877	40.21%
vestido de noiva	查看商品 N	11,134	145,573	45.05%

图 5-25 婚纱类目热搜词

通过对全球速卖通平台上婚纱类目热搜词进行分析后发现，该款婚纱的标题可展示为：Elegant Bohemia Lace Beach Wedding Dresses 2024 Long Sleeve Off the Shoulder Boho Wedding Bridal Gowns Robe De Mariée。标题中使用 Wedding Dresses 是因为客户在搜索复数的时候能够覆盖到单数，如果商品标题只写单数，客人搜索复数的时候就不会出现该商品。

4．优化方案

（1）优化标题。在标题中融入热搜词，并尽量使用复数形式。

（2）优化主图。原来的主图不清晰，只能看到商品的部分，替换为全面展示商品的图片。

（3）利用打折活动降低价格，观察商品的访客人数、加购人数、加购件数等数据。

（4）利用直通车增加曝光，提升收藏量。

四、数据化经营分析

店铺经过数据化选品、引流、优化点击率和转化率后，接下来就是对店铺的经营进行整体分析了，并采取相应的措施提升店铺的效益。

（一）店铺经营数据分析方式

店铺的经营数据可以通过"生意参谋"中的"实时概况"和"商铺概况"来查看。

1．"实时概况"

"实时概况"可以即时查看店铺 24 小时的数据。卖家可以即时查看当天（美国太平洋时间）的支付金额和销量数据（包括访客数、支付买家数、支付主订单数和浏览量）（如图 5-26 所示）及昨日数据，及时了解店铺流量变化，判断商品信息优化、营销活动等带来的效果。

图 5-26 "实时概况"中店铺数据展示

2."商铺概况"

"商铺概况"可以查看店铺整体数据,卖家通过对最近 7 日经营状况的分析,能及时了解店铺交易额的排名和转化率,具体指标有商铺排名、经营情况、商铺核心指标和商铺访客全球分布情况等。

(二)店铺经营数据分析内容

1. 成交分析

对卖家来说,只有成交才会有利润,"生意参谋"中的"成交分析"由两部分组成:成交概况和波动分析。

(1)成交概况

① 店铺的行业排名:最近 30 天以内店铺支付成功的金额在同行同城中的比例的排名。

② 成交概况的构成:包括支付金额、访客数、浏览-支付转化率、客单价。

(2)波动分析

① 当最近 30 天支付订单达到 30 笔以上时才做波动分析。订单数较少的情况下,波动受单个订单的影响很大,分析结果可靠性不高。

② 波动超过一定范围时,才需要分析波动原因。

③ 整体波动在 10%以内,不代表没有异常,要根据店铺的实际情况进行判断。

④ 波动分析的思路。在有波动的前提下,要分析是店铺自身的原因,还是整个行业的变化的原因。如果是店铺的原因,可以分析流量来源、转化率、客单价,也可以通过维度拆解,找国家、平台、商品等方面的原因。

2. 商品分析

(1)商品分析的目标

商品分析的目标是维护和优化核心指标,如曝光量、浏览量、点击率、下单转化率。

(2)商品分析的思路

分别下载最近 7 天、30 天和 90 天的商品数据,导出核心指标数据,具体操作如图 5-27

所示。接下来分析店铺曝光前 20、50、100 的商品信息,找出各指标的均值,对未达标的商品进行优化。

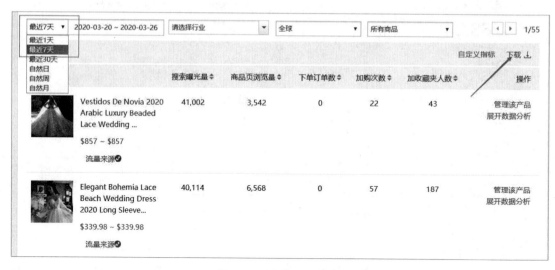

图 5-27 下载指标数据

(3) 商品分析的方法

① 曝光降序:通过曝光降序找出转化率较低的商品,这类商品通常信息质量好不需要优化,可通过改运费模板或者降低商品价格来提升转化率。

② 订单数降序:通过订单数降序找出价值偏低且转化率较高的商品,此类商品可以作为店铺的引流商品(类似的新品可以放在此链接中推荐)。

③ 销售额降序:通过销售额降序找出曝光不高但销售额高的商品,这些商品可作为利润款。

④ 加购物车数量降序:通过加购物车数量降序找出被加购物车多的商品,加入购物车数量可间接说明商品的被认可度和竞争力度,可以通过限时限量和定向型优惠券的方式来唤醒这部分客户。

3. 客户购买行为分析

客户购买行为主要包括购买时间、购买商品的价格、购买商品图片、购买偏好、评价等指标。通过对客户购买行为进行分析,并匹配商品的上架时间、价格、营销活动等来提高服务水平,促进客户购买。

(三) 店铺数据化运营案例

影响店铺成交的核心指标是搜索曝光量、店铺浏览量、店铺访客数、浏览-下单转化率、下单买家数、支付买家数、支付金额和退款金额。

1. 分析商品成交数据

(1) 从图 5-28 可知,搜索曝光量、浏览-下单转化率、下单买家数均有下降。

(2) 从图 5-29 可知,成交最多的国家是美国 39.12%,其次是一些欧洲国家,如荷兰

9.48%,墨西哥 7.53%,法国 7.11%,俄罗斯 6.45%。

(3) 从图 5-30 可知,APP 端的成交高达 71.65%。

图 5-28　成交核心指标

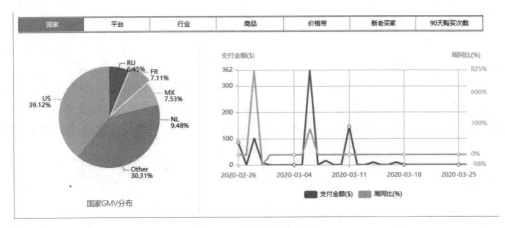

图 5-29　成交国家分布

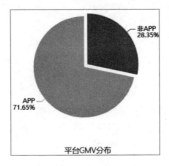

图 5-30　成交平台分布

2. 商品分析

(1) 商品效果排行

卖家可查看店铺最近 7 天或者最近 30 天某个商品的搜索曝光量、平均停留时间、支付订单数、支付金额、加购物车人数等数据,同时卖家还可以单击"自定义指标"(如图 5-31 所示),调整想要展示的指标。

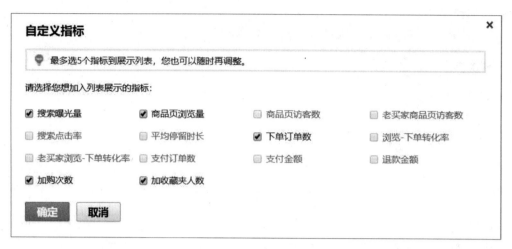

图 5-31　自定义指标

（2）查看商品流量来源

在“商品效果排行”页面中，单击“流量来源”可查看某商品最近 1 天、7 天、30 天或自定义时间段内的流量来源数据。通过其中的“商品流量-来源去向”页面（如图 5-32 所示），可查看指定商品不同来源的浏览量、访客数、访客数占比及其他一些访客行为等（如加收藏夹人数、加购次数等），可根据情况有针对性地优化商品。

来源	访客数	浏览量	访客数占比	店内跳转人数	跳出本店人数	操作
搜索	1773	1899	43.59%	96	1677	趋势
商品详情页	1371	2500	33.71%	331	1040	详情 趋势
其它	951	1109	23.38%	107	844	详情 趋势
平台首页	714	739	17.56%	51	663	趋势
买家后台	613	675	15.07%	64	549	趋势
购物车	41	47	1.01%	5	36	趋势
店铺首页	13	14	0.32%	3	10	趋势
店铺内搜索	4	4	0.10%	1	3	趋势

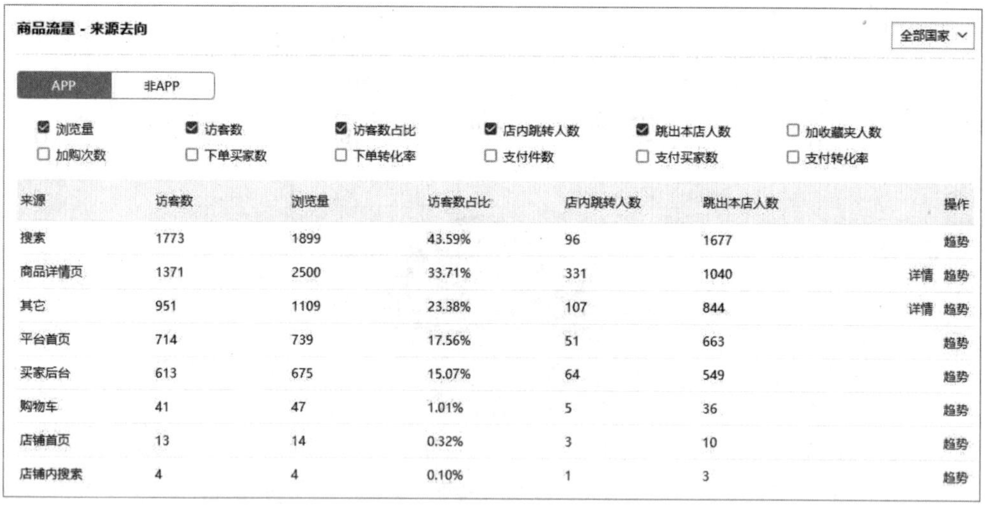

图 5-32　商品流量来源

3. 客户行为分析

以俄罗斯市场为例，从图 5-33 可以看出，俄罗斯市场近 30 天的支付金额占比 2.71%，访客数占比 11.56%，支付买家占比 4.96%，上升指数 995。

进一步细分俄罗斯买家的整体情况，可以看出买家城市占比最多的是莫斯科的消费者（如图 5-34 所示），客单价大多集中在 15.96～77.2 美元（如图 5-35 所示），有 96.34%的买家为首次购买（如图 5-36 所示），有一半的买家的年龄在 25～34 岁（如图 5-37 所示）。

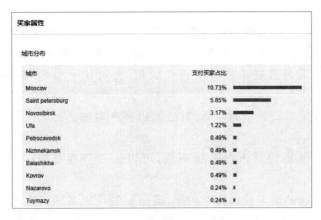

图 5-33 国家分析(俄罗斯)

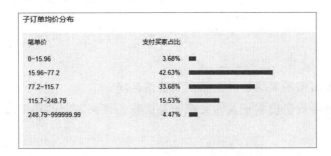

图 5-34 城市分布

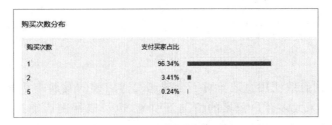

图 5-35 子订单均价分布

图 5-36 购买次数分布

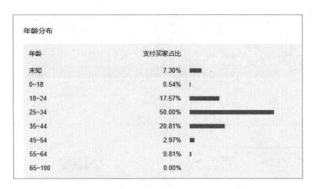

图 5-37　年龄分布

4．调整运营策略

（1）优化商品信息。查看商品基础信息，优化商品主图、标题、属性、详情页。

（2）分析商品价格的竞争力，通过商品成交时的价格带，调整商品价格。

（3）查看客户对商品及物流能力的评价数据，再对比平台规则查看是否有商品违规问题。

（4）分析加购数量增长最快的商品，对已加购客户实施定制化营销策略，发送提醒邮件和优惠券，促进订单转化。

（5）对主要流量来源渠道进行持续拓展，可以使用直通车推广，优化流量入口，稳定流量。

（6）根据各个国家的访客数和订单数据，商品标题设置多国语言标题，尤其是设置俄语标题，提高运输时效。定位目标市场的目标消费者，以俄罗斯市场为例，即生活在大城市的年轻人，卖家需要进一步深入研究这些年轻的俄罗斯人喜欢的服饰风格和材质款式，并选出更适合这一市场的商品。

实训项目

1．找到现在美国市场最热销的商品及其价格区间。
2．找到法国市场现在搜索量大的关键词及这些关键词对应的热销商品。

任务三　直通车数据分析

任务导入

苏绣团队认识到有效使用直通车对于全球速卖通店铺的发展非常重要。直通车可以帮助店铺在销量一般、无太多客户积累的情况下引流，也可以帮助店铺打造爆款。因此，他们决定掌握直通车操作的基本流程和技巧，以快速地提升店铺的整体效果。

任务流程

第一步：查看直通车的账户报告

直通车的账户报告展示了直通车账户的整体营销状况，并对直通车的效果进行了统计分析，卖家可以对各项指标进行分析和比对，并及时地做出运营决策和改变运营策略。

第二步：查看直通车的商品报告

直通车商品报告会对所有参加营销推广的商品进行数据统计和分析，有助于卖家进一步了解在推广计划中效果最好、最受买家关注的商品是什么，也可及时改变某些效果不理想的商品的推广计划。

第三步：查看直通车的关键词报告

关键词报告能展示哪些关键词有点击，点击量大的词是否与商品强相关。这可以帮助卖家更好地、更精准地设置商品标题和寻找热搜关键词，使商品获得更多的展示机会。

相关知识

一、查看直通车数据报告

直通车是最直接、最常用的商品推广和引流工具，卖家可以通过直通车数据报告优化选品和引流。

（一）账户报告

账户报告是针对全球速卖通直通车账户的整体营销状况提供的效果统计分析报告。账户报告是按天统计的，每一天的账户效果还可以展开，即按照推广计划的维度查看每天的数据。账户报告通过图形和报表两种形式来反映曝光量、点击量、花费等多项数据指标，可由卖家自定义计划类型（全部类型、重点推广或快捷推广）、时间段、指标进行查看，同时支持下载报告。账户报告页面如图5-38所示。

从图5-38可以看出，20××年3月14日点击量降至最低点130，3月15日又逐步攀升到最高点击量。遇到类似情况卖家需要分析原因。

（二）商品报告

商品报告是对卖家的商品营销效果进行数据统计和分析的报告类型。卖家可以通过商品报告，了解店铺商品在哪个推广计划中效果最好、最受买家关注的商品有哪些；还能够对单个商品在一段时期内的表现做数据趋势分析。如图5-39所示，商品报告中展示了商品的点击量、点击率、花费、平均点击花费、下单数、下单金额等数据指标。卖家可以对商品的推广效果进行比较：当选择查询所有商品或查询某个推广计划内的商品时，系统会将多个商品的效果放在一起进行比较，并从高到低排列出前十名的商品。

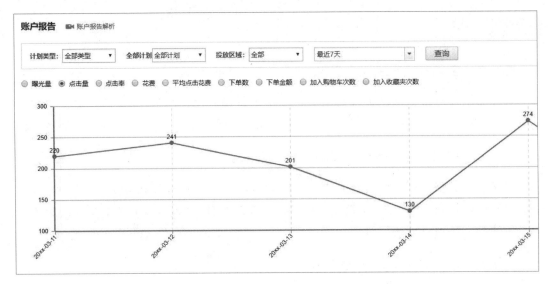

图 5-38 账户报告

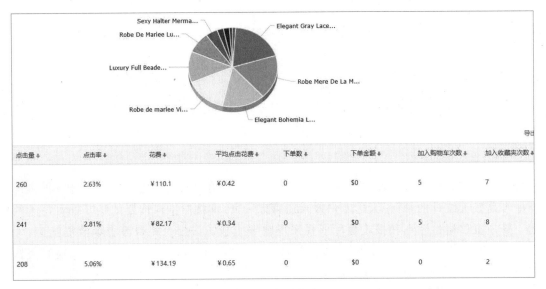

图 5-39 商品报告

（三）关键词报告

关键词报告主要展示关键词的点击量，以及点击量高的词是否与商品强相关。如图 5-40 所示，选择最近 7 天的数据，按点击量排序之后，找到排在第一位的关键词，与卖家要重点推广的商品进行对比，确认该关键词是否是与商品强相关的词。如果不是，那么需要继续优化关键词。同时，关键词报告还能采用饼形图形式展示相关维度的数据。除此之外，关键词报告也可以查看商品关键词的曝光量、点击量、点击率、花费及平均点击花费（如图 5-41 所示）。

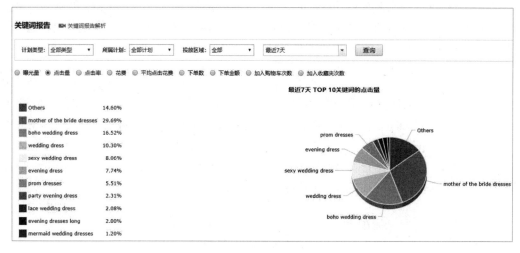

图 5-40　关键词报告(一)

关键词	曝光量	点击量	点击率	花费	平均点击花费
mother of the bride dresses	14578	372	2.55%	¥163.86	¥0.44
boho wedding dress	4072	207	5.08%	¥133.82	¥0.65
wedding dress	3328	129	3.88%	¥76.73	¥0.59
sexy wedding dress	2884	101	3.5%	¥61.55	¥0.61
evening dress	4437	97	2.19%	¥50.69	¥0.52
prom dresses	3590	69	1.92%	¥32.27	¥0.47
party evening dress	1282	29	2.26%	¥14.97	¥0.52
lace wedding dress	497	26	5.23%	¥14.87	¥0.57
evening dresses long	1334	25	1.87%	¥10.44	¥0.42
mermaid wedding dresses	614	15	2.44%	¥10.09	¥0.67

图 5-41　关键词报告(二)

二、数据化分析直通车营销策略

(一) 明确直通车数据化分析关键指标

直通车数据化分析主要关注的指标有：曝光量、点击量、点击率、花费和平均点击花费。其中，点击量是反映直通车效果最基本的指标，围绕点击量可以发现其余指标和点击量之间的关系。

(二) 调整直通车推广策略

直通车推广主要有两个问题：第一，点击量低；第二，花费过高。卖家可以以提高点击量为前提，从曝光量、点击量、关键词出价三方面入手调整直通车关键词和出价策略。基本思路如下：

(1) 针对点击量低，可以通过加词或提高关键词出价来提升曝光量，从而提高点击量；针对重点推广的商品，可以进行创意主图和创意标题优化来提升精准曝光量。

(2)针对花费高,可以减少不必要的花费,也可以限制每日最高消耗,降低成本。例如,卖家可以重新定位直通车推广目标,对效果不好的单品减少花费;或对商品推荐投放流量降低出价或直接关闭,整体降低关键词出价。

(三)直通车推广优化调整示例

如图5-42所示,将曝光量按照降序排列,可以看到wedding dress的7日曝光量最高,lace mermaid wedding dress、long sleeve lace wedding dresses、long sleeve mermaid wedding dresses的7日曝光量都是0。图5-43所示为几个关键词的出价情况,前三个有曝光量的关键词的出价都在0.6~0.8元,而曝光量为0的三个关键词的出价在0.2~0.4元,这时就需要提高后三个关键词的出价以提升曝光量。

关键词	推广评分	7日曝光量
wedding dress	优	1052
mermaid wedding dresses	优	234
dress wedding	优	56
lace wedding dress	优	47
lace mermaid wedding dress	优	0
long sleeve lace wedding dresses	优	0
long sleeve mermaid wedding dress	优	0

图5-42 商品7日曝光量

关键词	推广评分	平均点击花费	非App区出价	非App区预估排名
wedding dress	优	¥0.61	¥0.70	第一页主搜
mermaid wedding dresses	优	¥0.61	¥0.80	第一页主搜
dress wedding	优	¥0.68	¥0.60	第一页主搜
lace wedding dress	优	¥0.53	¥0.60	第一页主搜
lace mermaid wedding dress	优	¥0	¥0.39	第一页主搜
long sleeve lace wedding dresses	优	¥0	¥0.20	第一页主搜
long sleeve mermaid wedding dress	优	¥0	¥0.20	第一页主搜
mermaid lace wedding dress	优	¥0	¥0.20	第一页主搜

图5-43 推广数据

如图5-44所示,可以看到wedding dress和mermaid wedding dresses的7日点击量都还可以,但是dress wedding和lace wedding dress的点击量只有1。此时,第一步可以通过调整关键词出价来提高点击量。如果在提高出价之后,点击量仍然很低,第二步就需要分析商品与这两个关键词的匹配度、相关度。如果匹配度、相关度比较低,即使出价再高,点击量也很难提升。第三步可以利用直通车选词工具，添加近期热词、精准词和长尾词，同时开启商品推荐流量投放。

关键词	推广评分	7日曝光量	7日点击量
wedding dress	优	1052	55
mermaid wedding dresses	优	234	11
dress wedding	优	56	1
lace wedding dress	优	47	1

图 5-44　点击量数据

实训项目

1. 关键词的设置往往能够决定商品的曝光量，卖家可以通过哪些方法找到高搜索热度的关键词呢？

2. 查看全球速卖通某个店铺最近一个月的直通车账户报告，并分析这个月其店铺的整体情况。

项目小结

开展数据分析的目的是找到特定时间段内，店铺运营的最优方案，从而实现销售利润最大化。本项目介绍了全球速卖通卖家后台的"生意参谋"功能和数据分析的方法，利用这些工具卖家可以全面地掌握店铺的运营状况，并且能够通过销售数据，了解竞争对手的商品情况，让店铺在进行选品、优化搜索排名、制订营销方案等方面都能够"知己知彼，百战百胜"。直通车作为全球速卖通重要的推广营销工具，能让卖家及时查看商品及关键词的推广引流效果，并根据曝光量、点击量的变化及时调整方案。

项目六 跨境物流

> **知识目标**

了解国际物流的基础常识；
了解国际物流与跨境电商物流的关系；
掌握跨境电商物流的运作特点及各个分类模式的优缺点。

> **技能目标**

了解跨境电商物流不同模式的特点；
能够根据实际情况选取合适的物流方式；
能够分析跨境电商物流面临的清关风险；
掌握运费模板设置的方法，掌握平台发货的流程。

> **项目导入**

在跨境电商贸易中，物流企业一直都扮演着重要的角色，伴随着跨境电商市场的迅速发展，作为第三方的物流企业与电商企业在平台下单、货件管理、服务优化、运输通路、海关通关等多方面的合作日益密切。缩短跨境物流的配送时长、全程跟踪包裹信息、保证货物在运输过程中不被损坏、避免清关障碍等是跨境电商企业、跨境物流企业与消费者共同关心的问题。物流在整个电商运营体系中发挥着至关重要的作用，是电商运营的关键环节。

苏州某信息科技有限公司主要经营以婚纱礼服为主的服装类商品，商品的价值偏高，因此，在物流运输上更需要保证商品的安全性和时效性。大型国际快递公司有着速度快、服务好、丢包率低的优势。考虑到公司经营的服装类商品在欧美国家较受欢迎，多数包裹是发往欧美发达国家的，公司对欧美的客户提供以 DHL、UPS、FedEx、TNT 四大国际商业快递公司为主的国际快递服务。

为了进一步拓展市场，该公司还计划在未来选择国外较为成熟的、受众较多的婚纱礼服市场，直接设立海外物流仓，将国外消费者心仪的商品提前"摆"在他的"家"门前，让他们收货更快捷，也能够享有更好的售后服务。

任务一 认识跨境物流

> **任务导入**

近年来，国内电商发展的东风催生了大量的电商平台卖家，这些卖家在经营国内市场的同时也接触到了跨境电商领域，利用跨境电商平台为国外消费者提供产品及服务。由原本的国内电商模式转变为跨境电商模式，在交易过程中最大的不同就是物流操作变得更复杂了。那么如何选择合适的物流模式就成了困扰卖家的一大难题。一味考虑客户的时效需求会导致物流成本上升，而过于节约物流成本又会影响客户的购物体验。

在实际发货的过程当中,因为到货时间慢,苏州某信息科技有限公司经常会遇到物流投诉的问题。为了解决这个问题,该公司负责人苏绣及其团队决定详细比较不同物流模式之间的优劣,弄清楚各个模式之间操作流程的不同,并进一步研究客户在选择物流方式时看重哪些方面,由此,探索出几种符合目前平台运作的物流模式供客户选择。

任务流程

第一步:了解跨境物流政策

2016年的《政府工作报告》中特别提出:扩大跨境电子商务试点,支持企业建设一批出口产品"海外仓"。

2021年12月,国家邮政局印发的《"十四五"快递业发展规划》中明确提出要"拓展国际快递业务",主要包括建设跨境基础设施、搭建国际快件通道、增强海外发展能力。

企业必须及时了解国家跨境物流的相关法律法规和有关规定,同时了解国外有关跨境物流的相关法律法规和有关规定。

第二步:分析跨境物流公司

卖家要对主要的跨境物流公司进行比较分析,了解其基本情况,尤其是近三年的情况,对公司的优势、劣势、布局及业务范围做到心中有数。

第三步:比较跨境物流模式

目前,中国跨境电商企业所采用的物流模式主要分为五种:邮政包裹模式、国际商业快递模式、专线物流模式、海外仓模式及国内快递模式。

卖家必须对各种跨境物流模式在物流成本、配送时长、信息跟踪、配送安全性、用户体验等多个方面进行比较分析。

第四步:评估跨境物流风险

由于跨境物流运输的复杂性,在运输过程中易产生运输安全风险、关务风险及派送风险等。只有对商品在跨境配送中存在的相关风险进行评估,才能尽量规避物流配送过程中的风险,把商品安全送到客户手中。

第五步:设计跨境物流方案

物流是跨境电商流程中最重要的一部分,选择合适的物流方案,不仅可以节省成本,还可以极大提升客户体验。

在充分了解国内外跨境物流相关政策与规定、对跨境物流公司进行充分调研、分析主流的跨境物流模式、对跨境物流进行评估的基础上,设计适合自家商品的跨境物流方案。

相关知识

一、认识跨境物流

(一) 国际物流

国际物流又称全球物流,是指当生产和消费分别在两个或两个以上的不同国家独立进行时,为克服生产和消费之间的空间距离和时间距离,对物资进行物理性移动的一项国际商品交易活动。它以完成国际商品交易为最终目的,需要卖方交付单证、货物和收取货款,而买方接受单证、支付货款和收取货物。图 6-1 所示为一个完整的国际物流流程所涉及的全部对象。

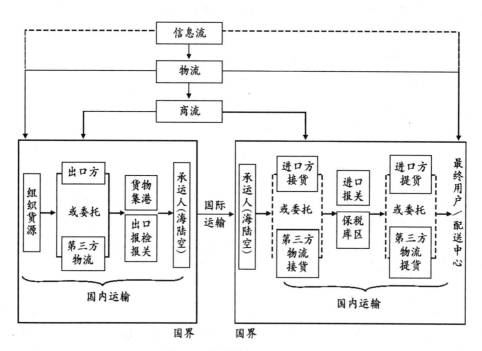

图 6-1 完整的国际物流流程

在当今全球经济一体化的趋势下,国与国之间的合作与交流日益繁荣,促进了国际贸易的发展,越来越多的商品在不同国家之间快速流通,这使得国际物流体系进一步健全与发展。国际物流企业需要不断地更新信息技术和物流技术,增强国际供应链的建设,降低国际物流成本,提高智能化管理水平,提升客户服务水平。

(二) 跨境物流

跨境电商涉及线上的信息流、商流、资金流和线下的物流,其中信息流、商流、资金流都是基于互联网运行的,只有跨境物流必须通过线下实体环境才能运作完成。跨境物流是指把货物从一个国家或地区通过海运或空运或陆运等方式运送到另外一个国家或地区。跨境物流具有以下特点：

(1) 跨境物流不同于国内物流,跨境物流距离远、时间长、成本高。不仅如此,中间还会涉及目的地清关(办理出关手续)等相关问题。

(2) 跨境物流发展多受跨境电商影响。跨境电商离不开跨境物流,而跨境电商的发展又带动了跨境物流的发展。

(3) 竞争集中在东部沿海地区,中西部地区竞争较小。由于渤海地区、长江三角洲、珠江三角洲等东部沿海地区经济发达,跨境运输需求旺盛,该地区航运等基础设施相对完善,因此,对交通资源的竞争最为激烈。在中西部地区,由于经济相对不活跃,跨境运输需求低,运输成本高,该地区的国际货运服务资源投入较少。

(4) 地区内或单一行业存在激烈的竞争,跨地区、跨行业竞争较小。虽然跨境物流业有很多市场竞争者,但受其自身财务实力、管理和技术能力的限制,而且由于各个国家的物流市场相互分离,其竞争特点是地区内或某一行业的企业之间存在竞争。

(5) 服务功能单一,增值服务较少,同质化现象更加严重。大多数跨境物流公司只能提供海运物流或空运物流服务,而能给企业提供全方位的运输解决方案、综合物流服务设计的跨境物流公司较少。因此跨境物流公司同质化现象较为严重。

(三) 跨境物流与国际物流的关系

跨境物流是国际物流业务的延展。近年来,随着电商行业特别是跨境电商的兴起,原先的国际物流业务已不能满足跨境电商发展的需要,传统的国际物流多以 B2B 为主,主要任务即货物运输。跨境物流以 B2C 为主,并且通过自身所具备的纽带作用,将生产、销售、流通的各个环节有机结合起来形成完整的电商供应链。这不仅极大地提高了终端消费者的收货效率,更实现了整个电商供应链的重组和优化,物流周期的缩短更在很大程度上促进了电商的发展。

二、跨境物流分类

跨境电商的迅速发展,对物流提出了更高的要求。全球物流行业正在朝着同一目标前进：加快物流企业之间的合作、共同搭建智能配送网络、提高物流配送时效、降低物流配送成本、提升用户体验度。目前跨境电商的物流模式主要有五种。

(一) 邮政包裹模式

万国邮政联盟成立于 1874 年,目前覆盖全世界 192 个国家和地区,具备覆盖全球的物流渠道网。它承接了两地邮政之间的收发、寄送、运输、清关、配送等一系列工作,使得其联盟方可以自由使用它的渠道传输,并且各联盟方之间推行低成本的结算模式大大降低了物流成本。邮政包裹模式的最大特点就是全球广泛覆盖,万国邮政联盟和卡哈拉邮政组织将国际诸多邮政网点连成一体,交织成一张巨大的物流网络。

邮政包裹清关的能力要高于一般的国际快递,产生关税或被退回的概率也小。随着万国邮政联盟的联盟方不断增加,其物理网络覆盖面越来越广,能够实现更多国家或地区之间的物流派送。

尽管邮政的渠道相对宽广,却也存在难以保证时效性等问题。比如,通过邮政国际快递从中国发往美国的包裹,一般需要 15 天左右才能到达。

（二）国际商业快递模式

在跨境电商物流当中所提到的国际快递，通常是指目前国际商业快递的四大巨头，分别是 DHL、UPS、FedEx、TNT。国际商业快递模式对信息的收集与管理有很高的要求，与其他物流模式较大的区别在于国际商业快递模式依托于统一的信息化平台，在快件运输的安全性和效率上都有较高保障，客户的物流体验要优于其他物流模式。以 UPS 为例，消费者如果通过跨境电商平台进行交易下单，所购商品从中国到美国最快可在 48 小时内送到，配送效率要远远高于其他物流模式。但国际商业快递模式的价位相对较高，这对于国内以小份额、多批次商品为主的跨境电商卖家而言成本较高。表 6-1 展示了四大国际商业快递的相关情况。

表 6-1　四大国际商业快递相关情况

类目	DHL	UPS	FedEx	TNT
成立时间	1969 年	1907 年	1971 年	1946 年
总部	德国	美国	美国	荷兰
主要配送地区	欧洲地区和中东地区	美国、加拿大、墨西哥	南美市场、东南亚及欧洲地区	欧洲和中东市场，甚至可以发往战乱国家
时效	时效快	时效快、价格低	时效较为稳定	时效较为稳定
价格	5.5 kg 以下的物品发往欧美有优惠，21 kg 以上单独货物有优惠	6～21 kg 的物品发往欧美有优惠	21 kg 以上物品发往东南亚国家有优惠	发往欧洲国家的物品有优惠

1. 四大快递的特点

（1）DHL 的特点

DHL 是海运和合同物流提供商，可为客户提供从文件到供应链管理的全系列物流解决方案。

（2）UPS 的特点

UPS 是快递承运商与包裹递送公司，同时也是运输、物流、资本与电子商务服务的领导性的提供者。

（3）FedEx 的特点

FedEx 是国际性的速递集团，为客户提供隔夜快递、地面快递、重型货物运输、文件复印及物流服务。

（4）TNT 的特点

TNT 的快递服务覆盖 200 多个国家和地区，为客户提供全球性、整合性的物流解决方案，为澳大利亚、欧洲国家及许多亚洲国家提供全国范围内的快递服务。

2. 国际商业快递计费标准

（1）计费重量单位：国际快递行业一般以每 0.5 kg 为一个计费重量单位。

（2）首重与续重：国际快递货品的寄递以第一个 0.5 kg 为首重（或起重），每增加 0.5 kg

为一个续重。通常起重的费用相对续重费用较高。

(3) 实重与材积：需要运输的物品包括包装在内的实际重量称为实重；当需寄递物品体积较大而实重较轻时，因运输工具（飞机、火车、船、汽车等）的承载能力有限，需量取物品体积折算成重量，以此作为计算运费的重量，称为材积或体积重量。

(4) 计费重量：按实重与材积两者的定义与国际航空运输协会规定，货物运输过程中计收运费的重量采用整批货物的实重和材积两者之中较高者。

(5) 包装费：一般情况下，快递公司是免费包装，但对于一些贵重、易碎物品，快递公司要收取一定的包装费用。

(6) 通用运费计算公式：

① 当需寄递物品实重大于材积时，运费计算方法为：

$$运费 = 首重运费 + [重量(kg) \times 2 - 1] \times 续重运费$$

例如：7 kg 货品按首重 20 元、续重按每 0.5 kg 9 元计算，则运费总额为：

$$20 + (7 \times 2 - 1) \times 9 = 137(元)$$

② 当需寄递物品实重小而体积较大时，运费需按材积标准收取，然后再按上列公式计算运费总额。

求取材积公式如下：

规则物品：

$$材积(kg) = 长(cm) \times 宽(cm) \times 高(cm) \div 5000$$

不规则物品：

$$材积(kg) = 最长(cm) \times 最宽(cm) \times 最高(cm) \div 5000$$

③ 国际快件有时还会加上燃油附加费。如果①中还要收取燃油附加费，费率为 9%，那么最终运费为：

$$137 \times (1 + 9\%) = 149.33(元)$$

(7) 综上所述：

$$总费用 = (运费 + 燃油附加费) \times 折扣 + 包装费用 + 其他不确定费用$$

例如：商品 A（规则物品）的重量是 6 kg，包装后长 30 cm、宽 30 cm、高 35 cm，计算使用 DHL 发往美国的运费（假设 DHL 的燃油附加费费率为 25%，10 kg 以内发往美国的基础运费是 100 元/kg）。

商品 A 的材积为：

$$30 \times 30 \times 35 \div 5000 = 6.3 \text{ kg}$$

因 6.3 kg > 6 kg，所以应使用 6.3 kg 作为计价标准。此商品应付的总费用为：

$$100 \times 6.3 \times (1 + 25\%) = 787.5(元)$$

(三) 专线物流模式

跨境电商的专线物流模式一般是指通过航空包仓的方式将大量货物一次性运输到国外，再由国外的合作公司在当地进行物流派送。专线物流模式最大的优势在于可以将货物进行大批量集中运输，在一定程度上降低了物流配送成本，但包裹的派送效率较低，容易影响客户体验。

专线物流模式是目前大型跨境电商的首选，它能够一定程度上提高集中出货量、降低物流成本,这与国内跨境电商市场的发展情况相适应。但是在时效性方面,虽然专线物流运输时效快于邮政包裹,但是相比于国际商业快递来说会慢许多。

市面上最普遍的专线物流有美国专线、欧洲专线、澳大利亚专线、俄罗斯专线等,也有不少物流公司推出了中东专线、南美专线、南非专线等。

(四) 海外仓模式

海外仓模式是指在除本国地区之外的其他国家建立仓库。货物从本国出口,通过海运、陆运、空运的形式储存到进口国的仓库,买家通过网上下单购买所需物品,卖家只需在网上操作,对海外的仓库下达指令即可完成订单。货物从买家所在国发出,大大缩短了物流时间。

其具体操作流程是:卖家先将货物存储到海外仓库,然后根据订单情况进行货物的分拣、包装以及规模化递送。海外仓模式很好地解决了小包装配送成本高、配送周期长等问题,但也存在容易压货、运维成本高等问题。

海外仓费用计算公式如下:

$$海外仓费用 = 头程费用 + 仓储租金及商品处理费 + 本地配送费用$$

其中,头程费用是货物从中国到海外仓产生的运费。仓储租金及商品处理费是海外仓的租金及商品处理等费用。本地配送费用是指在海外仓当地对客户商品进行配送产生的本地快递费用。

(五) 国内快递模式

随着跨境电商的日益普及,国内快递也开始加快国际业务的布局。例如:顺丰开始向美国、澳大利亚、韩国、日本、新加坡、马来西亚、泰国、越南等国家提供快递服务,并开始向俄罗斯提供跨境 B2C 服务。

全面升级后的京东物流国际供应链,计划搭建以中国制造通向全球,全球商品进入中国的双通网络,采取 830 双通全球网络,即国内八大物流枢纽加全球三十大核心供应链节点,利用设立海外仓、开通跨境专线、智慧化多式联运等方式,把世界各国本地的交付时效提升至 48 小时以内。

菜鸟和全球 200 多家邮政企业、快递物流企业一起搭建的智能包裹网络,已经成为全球跨境物流的主力军。2019 年 1—10 月的数据显示,该智能包裹网络,日均处理的跨境包裹量已经占中国跨境包裹总量的 60% 以上。

三、跨境物流模式对比

在对五大不同物流模式简要介绍的基础上,进一步对五大物流模式的优缺点进行分析(见表 6-2)。

表 6-2　五大物流模式优缺点对比分析

邮政包裹模式	优势:邮政网络基本覆盖全球,比其他任何物流渠道都要广。邮政一般清关能力强,费用低
	劣势:一般以私人包裹方式出境,不便于海关统计,也无法享受正常的出口退税。同时,速度较慢,丢包率高,还受制于包裹形状、体积、重量等因素

续表

国际商业快递模式	优势:速度快、服务好、丢包率低,能够给客户发送实时的物流信息,尤其是发往欧美发达国家非常方便
	劣势:价格昂贵,且资费变化较大。一般都由客户发起,平台收到客户愿意承担加收费用的申请后才使用
专线物流模式	优势:跨境专线物流可以将需要运送至某一国家或地区的货物进行大批量集中运送,通过规模效应降低物流成本,其价格低于一般的国际商业快递,并且物流速度较快,丢包率较低
	劣势:跨境专线物流的运费成本仍然较高,且在国内的快件揽收范围主要集中于东部沿海的发达城市。并且只有一些比较热门的进出口国家和地区拥有直达专线,覆盖地区较少
海外仓储模式	优势:用传统外贸方式走货到仓,可以降低物流成本;相当于销售发生在本土,可提供灵活可靠的退换货方案,提高了海外客户的购买信心;发货周期缩短,发货速度加快
	劣势:不是任何商品都适合使用海外仓模式,最好是库存周转快的热销单品,否则容易压货。同时,该模式对卖家在供应链管理、库存管控、动销管理等方面提出了更高的要求
国内快递模式	优势:速度比较快,成本低于四大国际商业快递巨头
	劣势:由于并不是专注于跨境业务,且相对缺乏经验,因此对市场的把控能力不足,其海外市场覆盖面也相对有限

四、跨境物流风险

跨境电商的交易存在小批量、多批次、交易品种多、周转次数多、订单分散和货运路程长等特点,因此对跨境物流提出了更高的要求。目前跨境物流风险主要有物流时效风险、物流信息风险、物流损耗风险、物流成本风险以及环境风险等五类。

1. 物流时效风险

物流时效风险在于跨境电商贸易中不确定因素较内贸易明显增多,导致跨境物流的周期长、效率低,在订单处理、运输、配送及清关过程中均出现延迟现象。一方面是因为跨境交易中各国国情差异较大,物流基础设施有所差异,造成跨境物流工作无法高效展开;另一方面是因为电商活动跨境开展导致物流环节增多、供应链长度增加,再加上货物需要在海关部门完成报关、商检及通关等活动,使得跨境物流活动的周期较长。在跨境物流活动中,最影响其时效的环节包括订单拣选、运输、清关及配送等,以上环节的运作效率直接决定了跨境物流的时效。

2. 物流信息风险

物流信息风险体现在实时追踪能力及信息安全两个方面。一方面,物流信息在传递过程中,可能出现错误或无法实时追踪的情况,跨境商品出现货物破损或货物丢失,以致商品无法按时、安全送达境外客户手中。另一方面,跨境电商物流依托于网络技术而发展,而网络自身存在一定的安全隐患,甚至遭受恶意攻击时,可能出现信息和数据的泄露、交换延迟等现象。物流信息将跨境电商活动中所涉及的平台企业、物流企业与制造企业及其他相关职能部门紧密地联系在一起,使各企业或部门间的信息共享以一种低成本、高速运作的方式实现。因此,物流信息在跨境电商活动中尤为重要,控制其中的风险因素十分必要。

3. 物流损耗风险

物流损耗风险是普遍存在且难以解决的问题,而跨境电商贸易中物流损耗情况更为严重。其既有客观原因,也存在主观原因:客观原因在于不可抗力因素的产生,如自然灾害、恶劣天气、政治冲突及设施设备故障等;主观原因则在于跨境电商的特点及人为因素两方面,跨境电商背景下的物流活动时空跨度大、中间环节多,且从事物流活动的人员素质、物流企业的管理工作水平参差不齐,使其货损货差情况难以控制。不同于其他风险因素,人员素质不高的风险除了可能导致货品损耗外,还将影响服务质量和企业形象,与客户满意度息息相关。

物流损耗风险主要有货物破损、货物丢失及退换货等。货物破损主要存在于包装、装卸、库存及运输环节中,不恰当的物流行为将导致货物包装破损以及包装破损后的货损、货差情况产生,使商品无法进行正常销售及二次销售。货物丢失是比货物破损更为严重的风险,对于跨境电商活动而言,货物丢失时常发生。客户退换货主要有以下原因:一方面是在跨境电商交易中,卖家或物流企业失误导致商品实际情况低于客户预期值;另一方面则因为客户具有的不完全理性特征,最终导致退换货行为的产生。退换货行为增加了物流活动中的逆向物流的产生,其发生时间、发生地点、发生概率及所涉及的商品种类和数量是难以预料的,其成本较高、不确定性因素多、责任难以划分且管理难度大,进而为跨境电商贸易的开展带来了诸多风险。

4. 物流成本风险

跨境物流涉及多种运输方式及物流节点,对货物的包装技术、存储条件、退换货流程等方面提出了更高的要求,物流过程中增加了包装及运输等方面的成本,物流成本风险即来源于此。

包装是企业生产的终点及物流的起点,其质量影响着整个供应链的运作,大多数货物必须经过包装才能进行运送。跨境电商贸易对货物包装提出三点要求:一是包装质量过硬,货物包装在控制成本的条件下保证包装质量;二是包装规范化,若包装和物流设施间无法实现有效衔接,将进一步降低物流运作效率并增加物流总体成本;三是包装材料绿色化,需要符合不同国家的相关标准。为了满足以上要求,保障货物在流通环节不被损坏并能顺利出入各国海关,需要增加在包装环节中的人力、物力及技术方面的成本投入。

库存成本主要包括库存持有成本、订购成本、缺货成本及在途库存成本等四个方面,跨境电商贸易的特点使存储环节增多、出入库操作增多、存储及在途时间增多,最终导致库存成本提升。

运输成本在总物流成本中占的比重较大,对总体物流服务质量有重要的影响,跨境物流增加了运输距离及中间环节,使装卸、搬运次数增多,以及多种运输方式间或不同标准的运输工具间的换装成本增多,最终导致跨境物流运输成本及整体成本大幅增加。

5. 环境风险

环境风险是指外部环境的不确定性对跨境电商物流产生的风险,包括不可抗力、经济环境、政策环境及行业环境等四个方面。不可抗力风险主要来源于自然灾害和战争,指由于火灾、洪涝、地震等自然灾害以及战争的发生,在人员、货物、财产等方面造成的重大损失。经济环境方面,其风险主要源于国际市场复杂多变,市场经济波动以及汇率、利率变动较国内贸易更为明显,跨境贸易活动中应更为关注宏观经济市场的变动情况。政策环境风险主要体现在国家针对跨境电商物流领域所制定、推行的政策,以及国家为其发展所建设的物流基础设施水平的高低对物流的影响。行业环境也影响着跨境电商物流的发展,行业市场的需求波动情况、增长速度、竞争程度以及发展前景等因素都制约着跨境物流活动的开展。

五、影响选择跨境物流服务的因素

物流模式的选择直接关系着跨境电商的客户体验、风险控制和成本控制等。一方面,跨境物流存在环节多、不可控因素多的特点;另一方面,不同货物对物流的需求也不同。因此,跨境电商卖家应该为购买商品的客户做出全面的考虑,包括运费、安全、速度及关税等,在满足物品安全和送达速度的情况下,为客户争取性价比高的服务。选择跨境物流模式时要综合考虑多个方面的因素。

1. 邮费价格

邮费"是否低廉,客户能否承受"是卖家选择物流模式首先需要考虑的问题。在其他因素相同的情况下,邮费价格当然是越低越好,但是邮费越低,服务可能越差,速度也可能越慢。

2. 通达范围

大部分跨境物流只能保证部分国家通达,尤其是一些偏远国家大部分物流无法保证正常送达。

3. 交寄便利性

关于交寄的便利性主要应考虑物流在客户所在国家网点的分布情况,比如有些物流企业在离买家较远的城市设立集货仓库,但是从仓库运送至客户家中还需要运费。

4. 时效性

货物要能够保证在预期时间内送达。如果运输时间过长,客户必然会心生不满,可能引起纠纷,进而影响店铺的正常运营。但运输速度越快,则运费也越贵。

5. 跟踪及时性

物流供应商应提供完整的物流运输状态信息,客户能随时查询物流状态。

6. 时效承诺与赔付

预计送达时间能够满足跨境电商平台对商品送达时效的要求,如果物流过程中出现了问题,物流公司能够及时予以理赔。

7. 清关能力

物流供应商的通关能力要强,其未发生或少有发生被海关审查或货物长期被积压在海关不能通过的情况。

8. 安全送达率

物流供应商要能够保证货物安全运抵,未发生或少有发生包装破损、货物损坏或丢包等现象。

9. 服务态度

物流供应商的服务态度良好,能够及时回应卖家的请求,能够提供附加服务等。

选择物流公司一方面要考虑店铺经营商品的特殊要求,另一方面也在于卖家的主观选

择。因此,在设计跨境物流方案时,并没有一个标准的模式,需要具体问题具体分析,做出全面的考虑。

实训项目

1. 商品 A(规则物品)的重量是 6 kg,包装后长 30 cm、宽 20 cm、高 20 cm,选用的快递是 UPS(已知运费是 120 元/kg,当月的燃油附加费费率为 20%)。请问卖家运输此商品应付多少钱?

2. 请调查一家本地的跨境电商企业,了解该企业主要选用哪几种跨境物流模式?为什么选用这几种模式?

任务二 全球速卖通平台发货

任务导入

某日,一位意大利客户想要购买一件婚纱,婚纱备货期大概为 15~20 日,选择 DHL 发货,客户大约需要 3~5 天收到货。

苏绣团队的工作人员在全球速卖通收到了该订单的通知,其他的平台订单都是采用全球速卖通线上发货的方式,因此在确认此订单时,不仅要确认客户已支付商品的金额,还需要让客户支付相应的物流运费(也就是需要设置正确的运费模板)。待客户支付成功之后,随即通知生产部门按订单生产,订单生产完成后,即可开始打包发货,填写发货通知(DHL发货后会在线更新运单号,卖家可以截取运单号填写发货通知),告知客户货物已经发出,等待客户签收。客户确认收到货之后,交易完成。

任务流程

第一步:查看客户订单信息

当我们在平台上收到客户的订单时,首先应查看客户的订单信息,确认其下单的款式、颜色、尺寸是否正确,安排生产,并查看其选择的物流方式以及收件地址等相关信息。

第二步:选择全球速卖通发货方式

全球速卖通发货分为线上发货和线下发货。线上发货是指卖家在全球速卖通后台的交易订单中选择"线上发货",选择合适的在线物流方案,通过线上进行发货。线上发货方式是物流公司上门收货并负责发货。而线下发货则是卖家用其他的非线上物流方式发放运单,如自行联系货代公司进行发货等。

第三步:设置运费模板

运费模板是全球速卖通平台推出的一种运费工具,主要是帮助卖家解决客户购买商品时运费计算的问题,除此之外,还可以解决同一客户在店内购买多件商品时产生的运费叠加问题。为了让客户正确支付相应运费,卖家的首要任务是设置一个正确的运费模板。

第四步:选择合理的包装

商品包裹的重量将直接影响到运费的多少。在选择包装时,既要考虑包裹的重量,使因包装增加的运费在一个合理的范围内,又要保证包裹在跨境运输中不受损坏。

第五步:填写发货通知

卖家收到物流公司传过来的运单号后,需要填写发货通知。

第六步:等待买家确认收货

卖家提交运单号之后,系统会自动发送相关的物流信息给客户,提醒客户关注物流动态。如果商品被签收了,卖家就可以提醒客户确认收货。

相关知识

一、查看订单信息

当买家在商品的详情页或者购物车页完成下单时,卖家即可收到一个订单通知。这时,卖家需要查看并确认该订单是否为一个可执行的订单。判断是否可执行的标准是,订单是否符合以下三个条件。

(1)买家完成支付。即买家在规定的时间内按照平台认可的支付方式完成了付款。
(2)买家填写了有效的收货地址及联系人信息。
(3)买家下达的订单是有库存且可发货的,或者是在可预计的时间周期里完成的。

如图 6-2 所示是苏绣团队收到的买家订单信息,可以看到这位买家的订单是一个完整的可执行订单。首先,这位客户完成了支付环节,填写了收货地址及联系人信息,并且同意了该定制类商品 20 天的备货时间。该订单满足上述三个条件。

图 6-2 买家订单信息

二、选择发货方式

卖家收到订单之后,首先要确认商品的库存信息。如果有足够的库存,便可以开始创建物流订单并打印电子面单。如果像上述案例中是一个定制商品的情况,那么需要在收到订单之后生产订单,订单完成并质检合格之后,方可开始创建物流订单和打印电子面单。

(一) 线上发货

卖家在全球速卖通后台的交易订单中选择"线上发货",选择合适的在线物流方案,提交后,物流公司会上门收货(或卖家自行寄往物流商仓库),卖家可在线支付运费,在线发起物流维权。全球速卖通作为第三方全程监督物流商的服务质量,保障卖家权益。

1. 线上发货的优势

(1) 平台网规认可

使用线上发货并成功入库的包裹,买家和卖家均可以在全球速卖通后台全程追踪物流信息,且平台网规认可。即使后期卖家遇到投诉问题,也无须再次提交发货底单等相关物流跟踪信息证明。

(2) 规避物流低分,提高账号信誉

平台每个月都会进行卖家服务等级评定,一般来说,使用线上发货的订单,因物流原因导致的低分可以抹除。

(3) 物流问题赔付保障

卖家可以针对丢包、货物破损、运费争议等问题提起在线投诉,获得赔偿(仅支持国际小包物流方案)。

(4) 运费低廉,支付便捷

卖家可以享受全球速卖通卖家专属合约运费,此价格低于市场价,哪怕一件商品也可享受折扣,并且可以直接使用支付宝支付运费,还可以下载运费电子对账单进行账单核对。

(5) 渠道稳定,保障时效

线上发货直接和中国邮政等物流商对接,安全可靠;能够在平台实时显示数据,时效高于线下;如果物流商在承诺的运达时间未达成,引起限时达纠纷,赔款由物流商承担。

2. 线上发货流程

(1) 查看未发货订单明细

进入"我的速卖通"—"交易",选择"发货未完成"状态的订单。卖家将看到所有等待发货的订单明细。选择需要发货的订单,单击"去发货"按钮,如图6-3所示。

图6-3 线上发货流程(一)

然后单击"线上发货"按钮,如图 6-4 所示。

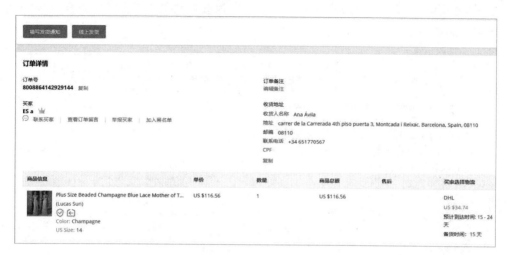

图 6-4　线上发货流程(二)

（2）选择物流

在"选择物流"页面(如图 6-5 所示)中,卖家可以选择合适的物流服务。当卖家选择的物流服务与买家下单时选择的物流服务不一致时,系统将提示卖家确认。填写完毕后,单击"下一步,创建物流订单"按钮。

图 6-5　线上发货流程(三)

(3)创建物流订单

在"创建物流订单"页面(如图 6-6 所示),可以修改收件信息,选择是否含电池、是否含非液体化妆品等信息。

图 6-6 线上发货流程(四)

如果需要修改收件信息,可以单击"修改收件信息",卖家可以在弹出的对话框内编辑收件信息(如图 6-7 所示),修改完后单击"保存"按钮。

图 6-7 修改收件信息

项目六 跨境物流

卖家可以选择"菜鸟上门揽货"或"自送至中转仓库"(如图6-8所示),如果选择的是"自送至中转仓库",页面会显示中转仓库的相关信息,如果对中转仓库的相关问题有疑惑可以咨询在线客服。

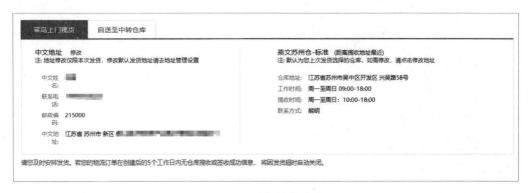

图6-8 选择揽货方式

如果卖家的发件地址在物流商揽收范围内,系统会为卖家自动配置对应的仓库。如果卖家所在的地址没有推荐的揽收仓,系统会提示卖家"自送至中转仓库"。如果卖家依然想选择"菜鸟上门揽货",应先与仓库沟通能否上门揽收,以免仓库拒单。

在卖家创建物流订单时,在页面底部有关于无法投递包裹的处理方案。卖家可以根据自己的需要,选择是否需要将包裹退回或在海外销毁。当卖家选择"退回"时,每单会收取固定金额的退件服务费。当卖家选择"销毁"时,不产生退件服务费,将会免费为卖家销毁包裹。

以上全部选择完毕之后,卖家可以勾选"我已阅读并同意《在线发货-阿里巴巴使用者协议》",并单击"提交发货"按钮(如图6-9所示)。至此,物流订单创建完毕。

图6-9 提交发货

在物流订单创建完毕之后,会跳转至"成功创建物流订单"的提示页面(如图6-10所示)。

图6-10 "成功创建物流订单"提示页面

(4) 查看国际物流单号,打印发货标签

进入"我的速卖通"—"交易",选择"国际小包订单",找到对应的发货订单,单击"打印发货标签"(如图6-11所示),即可生成如图6-12所示的发货面单,卖家把生成的发货面单打印出来即可发货。

物流订单号	国际物流单号	交易订单号	国内物流信息	发往仓库	物流订单状态	操作
5597224388 物流订单创建时间 2020-03-13 06:04:18	LP336347546FR	8010993985716504	上门揽收	AliExpress 无忧物流-标准 发往燕文苏州仓-标准	等待卖家发货	打印发货标签 查看详情 投诉
5597192522 物流订单创建时间 2020-03-13 05:35:36	6077874431146	8010119001618686	上门揽收	AliExpress 无忧物流-标准 发往燕文苏州仓-标准	等待卖家发货	打印发货标签 查看详情 投诉
5594704922 物流订单创建时间 2020-03-12 01:34:47	LX857667629NL	8011540276240979	上门揽收	AliExpress 无忧物流-标准 发往苏州仓-标准	入库成功	查看详情 投诉
5592668601 物流订单创建时间 2020-03-11 02:56:44	00459007738649740320	8011478562939695	上门揽收	AliExpress 无忧物流-标准 发往燕文苏州仓-标准	出库成功	查看详情 投诉

图6-11 打印发货标签

(5) 填写发货通知

物流订单创建成功后,系统会生成运单号给卖家,卖家打包发货,交付物流商之后,系统会自动更新货运信息(如图6-13所示)。

项目六 跨境物流

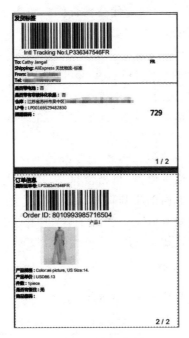

图 6-12　发货面单

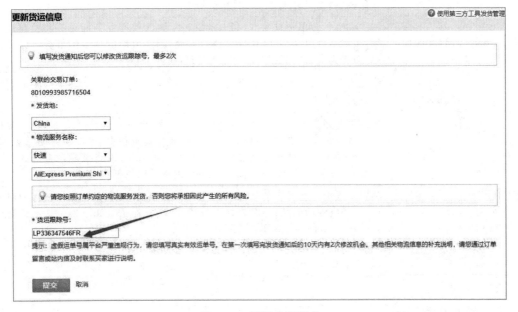

图 6-13　更新货运信息

（二）线下发货

线下发货是相对于线上发货而言的，除了线上物流渠道，卖家使用任何非线上物流运输商品均称为线下发货。

线下发货是跨境电商的传统发货方式，卖家可以通过邮政包裹或者四大国际商业快递公司来发送货物,但更多卖家会选择和货代公司合作。因为对于大多数中小卖家而言,以其日常的订单量很难和邮政包裹或者四大国际商业快递公司谈到一个合适的折扣,所以他们更愿意选择折扣更低的货代公司。

每家货代公司都有着自己的优势渠道,卖家可以根据自己经营的商品情况进行选择。线上发货往往有很多限制,而货代公司可以提供一些特殊渠道供企业选择。例如,有些货代公司可以发带纯电池的商品。这需要卖家对货代公司的发货渠道进行详细分析,尽量规避风险。

部分货代公司还可以提供一些专线或类似专线的服务。例如,中环运推出的俄邮宝就专门提供中国与俄罗斯之间的运输服务,价格便宜,同样可以全程跟踪,而且限时送达。

货代公司还可以配合跨境电商的工作时间,跨境电商卖家的工作时间一般是从中午开始一直到凌晨。因为店铺一般要到晚上八点左右才能完成当天所有货物的打包工作,很多货代公司为了及时发走当天的货物,工作时间也通常到凌晨。

(三)线上发货和线下发货优势对比

表6-3展示了线上发货和线下发货的不同优势。

表6-3 线上发货和线下发货优势对比

发货方式	优势	说明
线上发货	便宜	全球速卖通平台利用自身优势和物流商谈成了一个优惠价格,卖家不受单量限制,只发一件也能享受优惠价格
	网规保护	线上发货的订单一旦发生纠纷,卖家无须再次提交发货面单等相关信息证明,可以节约时间;并且在订单评价方面,因物流原因导致的低分可以被抹除,对提高卖家的服务评级有很大帮助
	便利货代行业不发达的地区	线上发货的取件可以由卖家自行邮寄到物流商仓库,这一点可以照顾到一些货代行业不发达的地区的卖家
线下发货	便捷	在跨境电商发展成熟的地区,往往邮政包裹、国际商业快递公司网点、货代公司等相关配套都很成熟,联系物流商的方式也很多,可以通过实体店、电子邮件及短信电话等方式直接进行业务咨询,也可以直接联系专门的客户经理,不论是把货送到网点还是请物流商上门收货都很方便
	渠道丰富	相对于线上发货的限制多,线下发货的渠道更为丰富、限制更少。许多商品(例如带电池的商品)不符合线上发货要求,只能通过线下发货。部分货代公司还开设了一些特色渠道供卖家选择
	系统无缝对接	物流公司或者货代公司的内部系统可以和卖家所使用的ERP系统直接对接,直接生成运单号

三、设置运费模板

(一)全球速卖通运费模板

运费模板是为了解决成交后卖家需要频繁修改运费的问题而推出的一种运费工具。通过运费模板,卖家可以解决不同地区的买家购买商品时运费差异化的问题,还可以解决同一买家在店内购买多件商品时的运费合并计算的问题。而且通过运费模板,卖家可以发起在店内单次购买商品"满XX元免运费"的优惠活动。

全球速卖通运费模板有三种方式：标准运费、卖家承担运费（免运费）、自定义运费。

(二) 运费模板设置

一般情况下，针对某些固定品类的商品选用的物流方式等信息都是相同的，如果每一次都重新设置就会十分麻烦，因此当卖家运用全球速卖通平台发布商品的时候，会设置运费模板，具体步骤如下：

1. 新增运费模板

第一步：单击"商品"—"物流模板"—"新建运费模板"（如图6-14所示）。

图 6-14 新增运费模板

第二步：为新建的运费模板设置一个名字（不能输入中文），然后在图 6-15 所示的页面选择物流方式、填写运费计费规则和承诺运达时间，然后单击"创建模板"按钮，即可完成。

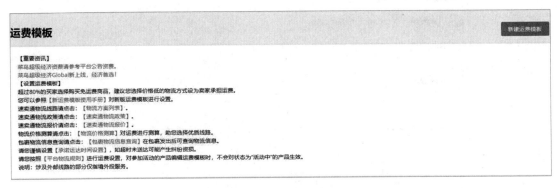

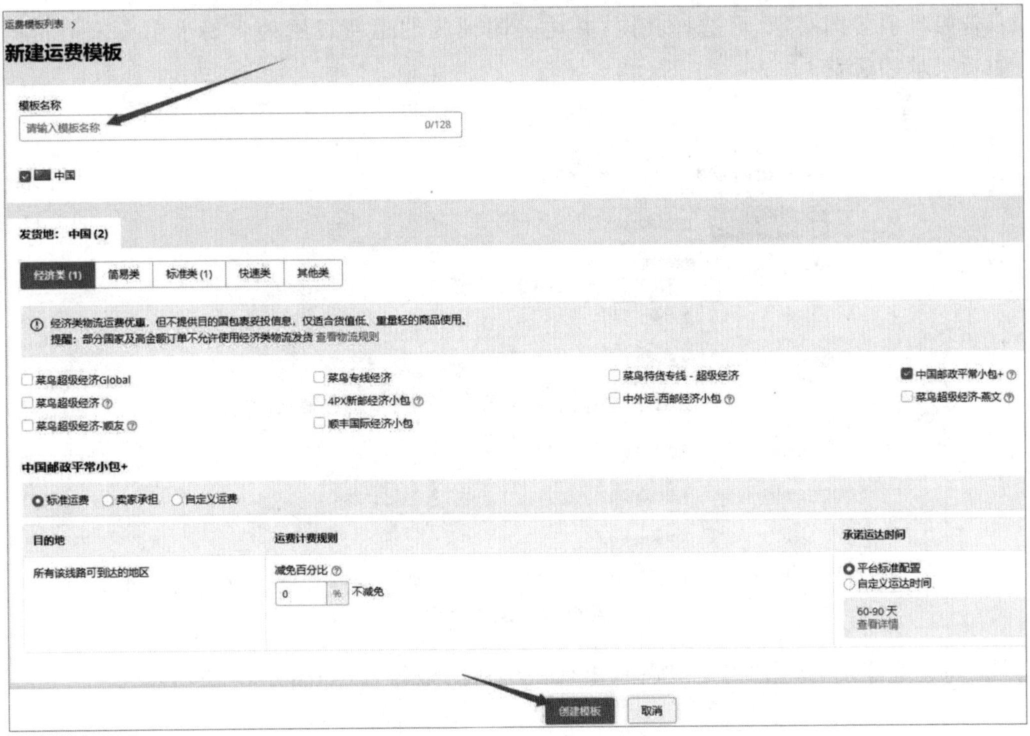

图 6-15 输入运费模板名称

(1) 自定义运费设置

因为单一的标准运费和卖家承担运费设置的操作都比较简单,此处主要介绍需要对某种物流方式进行个性化设置的操作,即自定义运费设置。例如,对部分国家设置标准运费,对部分国家设置免运费等情况。

① 卖家在进行运费模板设置时,勾选"自定义运费",并单击"新增目的地组合"(如图6-16所示)。

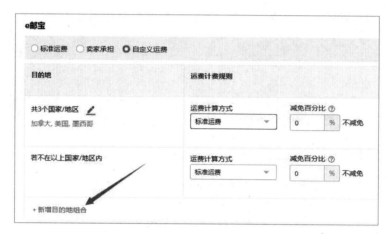

图 6-16　自定义运费设置

② 卖家可以按照大洲选择目的地,也可以按物流商分区选择目的地(如图6-17所示)。例如,若想吸引美国买家,可选择美国,并将美国地区的运费设置为容易吸引买家下单的水平,如卖家承担运费。

图 6-17　运费组合

③ 勾选完毕后,单击"确定"按钮,出现一个目的地组合(如图6-18所示)。

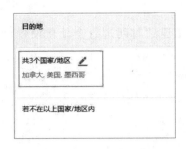

图 6-18 目的地组合

④ 卖家可对该组合内的国家/地区,设置运费减免百分比,也可设置为卖家承担运费。设置自定义运费的页面如图 6-19 所示。

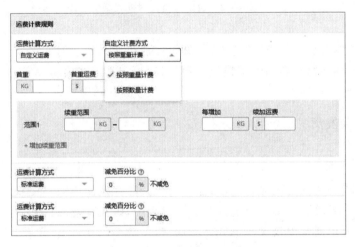

图 6-19 设置自定义运费

⑤ 设置完毕后,单击"确认添加",即生成一个新的运费组合,卖家可以继续添加运费组合,也可以对已经设置的运费组合进行"删除"操作,如图 6-20 所示。

图 6-20 运费组合

⑥ 对于妥投信息查询困难、运输时效差的国家/地区,卖家可以选择"不发货",并单击"确认添加"即可屏蔽该国家/地区(如图 6-21 所示)。

图 6-21 屏蔽发货国家/地区

(2) 自定义运达时间设置

如果卖家需要对商品的承诺运达时间进行个性化设置,可以勾选"自定义设置"并进行相关操作(如图 6-22 所示)。

图 6-22　自定义运达时间设置

设置完成后,单击页面下方"确定"按钮即可完成自定义运达时间设置。

当卖家发布商品时,在商品运费模板页面选择"自定义运费模板",单击下拉列表框选择之前设置好的运费模板即可。

四、选择包装发货

(一)包装的功能

商品包装是指为了保证商品在运输、流动、交易、贮存及使用时不受损害及影响,对商品采取的一系列技术手段。跨境物流的商品运输过程中,因其运输时间长,包装尤为重要。跨境电商平台交易订单通常以快递类形式发货居多,多数是以 0.5 kg 或者 1 kg 为单位进行计费,国际物流的成本也直接影响卖家的利润和商品的竞争优势。所以,卖家选择商品包装时,既要控制好包装成本,又要使选择的包装能够很好地防护商品,保证商品在运输过程中不受损害。

(二)包装的材料

国际物流中常见的包装材料主要有气泡信封/快递袋、气泡膜/珍珠棉、瓦楞纸箱、泡沫箱、气柱袋等。

1. 气泡信封/快递袋

气泡信封一般设置为两层,外层是牛皮纸,多为白色、黄色或棕色,内层是一层气泡膜黏附在外层牛皮纸的内壁上,信封的封口处通常自带封口胶。这样的设计能够很好地防震防压,并且十分轻便。它是一种很常见的包装材料,通常作为小型、轻便商品的包装。

通常气泡信封还有不同的大小规格,便于包装不同的商品(如图 6-23 所示)。在使用气泡信封包装商品时还需要考虑信封本身的承重,如果使用最大号的气泡信封仍然无法包装商品,这时就需要改用其他包装,如纸箱等。因为一旦超过气泡信封本身的承重,信封在运输过程中就容易破损,不能起到保护商品的作用。

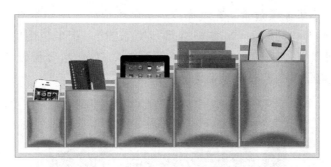

图 6-23 不同规格的气泡信封

与气泡信封外形类似的还有快递袋,快递袋是指各物流公司自行提供的带有其自身标识的包装袋。通常在快递袋的背面有一个层叠式的不封口塑料袋,用于装快递运单或者是发票。快递袋的规格比较单一,通常只有大、小两种规格。一般而言,快递袋不允许折叠使用,必须在封口处直接封口。快递袋多用于运送文件及票据。

2. 气泡膜/珍珠棉

气泡膜是一种常见的包装材料,主要由高压聚乙烯制成。气泡膜质地轻、透明性好、无毒、无味,可对商品起防湿、缓冲保护、保温等作用。它通常运用于一些大型商品的包装,如家具家电、工艺品、精密仪器等。

珍珠棉是近年来新兴起的一种新型的包装材料。它克服了普通发泡胶易碎、变形、恢复性差的缺点,具有隔水防潮、防震、保温、可塑性能佳、韧性强、环保、抗撞力强等诸多优点,亦具有很好的抗化学性能,是传统包装材料的理想代替品。

在一定程度上,珍珠棉可以替代气泡膜,其优点是轻便,容易切割,并且它不会像气泡膜一样一旦气泡破裂就失去了保护作用。但是珍珠棉具有一定的韧性和强度,所以它很难严丝合缝地完全包裹住商品。因此在用珍珠棉打包商品时,一定要注意对商品关键部位进行额外保护。

3. 瓦楞纸箱

瓦楞纸箱是一种应用广泛的包装制品,用量一直位于各种包装制品之首。半个多世纪以来,瓦楞纸箱以其优越的使用性能和良好的加工性能逐渐取代了木箱等运输包装,成为运输包装的主力军。它除了保护商品,便于仓储、运输之外,还起到美化商品、宣传商品的作用,而且瓦楞纸箱属于绿色环保产品。

瓦楞纸箱没有固定的大小规格,我们在实际打包发货的过程中,可以运用美工刀切割纸箱,使其达到合适的尺寸。这样不仅可以压缩材积,还可以防止纸箱内的物品因晃动导致破损。

4. 泡沫箱

泡沫箱是以泡沫塑料(多空塑料)为材料制成的箱式包装,具有质轻、绝热、吸音、防震、耐腐蚀等特点,主要用于包装一些电子设备(如手机、手表等)及玻璃制品等极易受到外力碰撞影响的商品。

5. 气柱袋

气柱袋是一种新型的包装材料,其原始形态是一体化的扁平塑料,用充气机或打气筒将其充满气体,使用时不可充气过量。充气完成之后将形成一个中间悬空,周围有若干个独立气柱,底部密封,上端开口的气囊(如图 6-24 所示)。这样一个半包围结构的气柱袋可以很好地包裹商品,弥补了气泡膜和珍珠棉包裹不够严丝合缝、气泡容易破裂等缺陷,尤其适合一些带显示屏幕的电子设备及玻璃制品等。

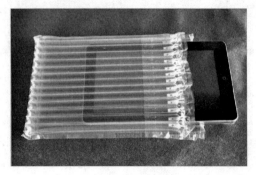

图 6-24　气柱袋

(三)包装的要求

1. 不能晃动

货物打包好后,试着较大幅度摇晃几下观察包裹里的物品是否产生强烈晃动。若晃动强烈,说明货物很有可能在运输途中破损,需要重新打包。

2. 接触面牢固

一般使用纸箱包装时往往无法做到严丝合缝,通常需要将纸箱切割后再组装起来拼接使用,这就需要确保每个立面的强度相似,以免出现某一个面强度明显降低而导致内里损坏。

3. 封口处密封

一般运用气泡信封包装时,最好在气泡信封自带的封口胶封之后再用透明胶带粘贴一下,完全覆盖封口处。这样做更能保证封口的完整性。

4. 条码处平整

一般将运单或相关包裹单信息直接粘贴在外包装上,为了防止破损要在上面再覆盖一层胶带,以达到防水、防划伤的目的。但粘贴时必须注意粘贴平整,不能产生气泡,否则会影响扫描枪扫描条码信息,给后续工作带来不便。

5. 不要过于节约包装耗材

在选择打包材料时尽量选择强度更高的,做到多层防护,过于节省包装材料容易导致包装破损而产生售后麻烦。所以宁可增加重量,也要包装几层,最大程度保护商品。

苏绣团队工作人员打包婚纱通常先用塑料袋封好商品,再放入瓦楞纸箱,纸箱外面再用快递袋封好。

五、填写发货通知

订单商品打包完成后,卖家需要进入全球速卖通卖家后台完成订单发货,填写发货通知,选择寄出该货物的物流名称,再填写运单号,单击"提交"按钮后发货完成(如 6-25 图所示)。

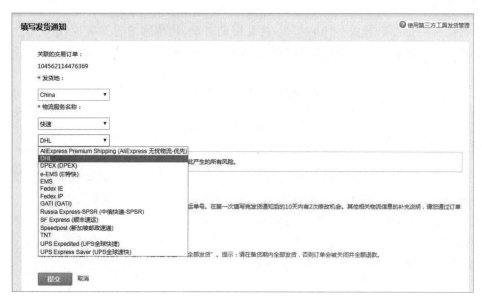

图 6-25 填写发货通知

六、等待买家确认收货

卖家提交完运单号,系统会发送物流信息给客户,若货物被签收了,可以联系客户确认收货(如图 6-26 所示)。至此,就完成了平台发货的整个流程。

图 6-26 查看订单运输情况

实训项目

店铺接到一位德国客户在线购买20件礼服的订单,这位客户告知客服,4个月之后的舞蹈表演要使用这批礼服,并且他希望能够选择比较便宜的物流方式。如果你是接待这位客户的客服,请回答以下问题:

1. 你推荐这位客户选用哪一种物流模式呢?为什么?
2. 请为此设置一个运费模板。

项目小结

本项目选择了苏绣团队跨境销售的婚纱礼服的配送作为任务主线。任务一介绍了跨境物流的主要内容:对国际物流、跨境物流以及跨境物流与国际物流的关系进行了论述;对跨境物流进行了分类,主要可分为邮政包裹模式、国际商业快递模式、专线物流模式、海外仓模式、国内快递模式,并对五大类跨境物流模式进行了对比;探讨分析了跨境物流面临的风险;进一步分析了影响选择跨境物流服务的因素。任务二介绍了全球速卖通平台发货的流程。

扫码了解
本项目微课视频

项目七　跨境支付

知识目标

了解常见的国内外跨境支付平台；
了解跨境支付的风险；
了解国内外跨境支付的方式；
掌握跨境支付的概念、现状、趋势、特征、流程。

技能目标

会分析跨境支付平台的特点；
会分析跨境支付过程中的支付与结算风险；
掌握全球速卖通跨境支付流程；
掌握全球速卖通收款账户的开通、认证流程；
掌握全球速卖通卖家跨境收款与提现的流程。

项目导入

跨境支付是跨境电商订单达成中非常重要的一个环节。苏州某信息科技有限公司在全球速卖通平台上的大部分客户来自欧美国家。这些国家的客户使用的主要支付方式有 VISA、MasterCard、PayPal 等。该公司高度重视跨境电商支付方式的选择，考虑到公司经营的婚纱礼服价格在几十到几百美元不等，属于小额交易，故选择 PayPal 为主要支付方式（PayPal 账户首页如图 7-1 所示）。

图 7-1　PayPal 账户首页

任务一　认识跨境支付

任务导入

随着跨境电商的快速发展，跨境支付也在不断创新。中国的跨境支付业务始于 2007 年，当时中国银联是国内首家开展跨境支付业务的公司。2013 年，国家外汇管理局发放了首批 17 张跨境支付牌照，2014 年又发放了 5 张。2015 年，国家外汇管理局允许部分拥有

《支付业务许可证》且支付业务为互联网支付的第三方支付公司开展跨境业务试点,并发布了一系列跨境支付新政。截至 2019 年,共有 30 家持有跨境支付牌照的第三方支付公司,主要业务类型为购付汇和收结汇,服务于货物贸易、留学教育、航空机票、酒店住宿、旅游服务、国际会议会展、国际运输和软件服务等八大领域。

从初始的电汇、银联国际,发展到现在的国际卡组织和第三方支付,跨境支付的成本逐渐降低,跨境支付使用范围逐渐增大,跨境支付产品的用户体验越来越好。再加上贸易全球化的时代背景和我国稳步开放的经济政策,我国跨境支付实现了飞速的发展。

对于国内卖家来说,支付需要解决的最大问题是能够提供商品销售地市场接受的支付方式,并且能将货款跨越国境收回到国内账户。此外,卖家根据自身经营发展阶段与经营规模对跨境支付的关注点有所不同:资金链充沛的大卖家最关注的是资金能否安全且合规地到账;生存期的小卖家最关注的是资金能否在约定的时间内入账;发展期的中小型卖家最关注支付平台是否有较低的费率。

面对众多的支付机构,苏绣团队必须对不同的支付机构、不同区域客户的支付偏好进行深入调研,并根据公司发展规模、公司经营特点、客户群体特征及支付机构特点来制订跨境支付方案,选择合理的跨境支付方式。

任务流程

第一步:了解跨境支付政策

《电子商务法》第五十三条规定:电子商务当事人可以约定采用电子支付方式支付价款。电子支付服务提供者为电子商务提供电子支付服务,应当遵守国家规定,告知用户电子支付服务的功能、使用方法、注意事项、相关风险和收费标准等事项,不得附加不合理交易条件。电子支付服务提供者应当确保电子支付指令的完整性、一致性、可跟踪稽核和不可篡改。电子支付服务提供者应当向用户免费提供对账服务以及最近三年的交易记录。

跨境电商卖家必须及时了解国内及相关进口国跨境支付的相关法律法规和有关规定。

第二步:比较跨境支付机构

跨境支付机构主要可以分为国际支付公司、互联网巨头、第三方支付公司和非持牌公司四大类。国际支付公司的主要优势是技术能力强、境外网络布局广泛及品牌影响力大;互联网巨头的主要优势是 C 端用户体量大、外延式扩展能力强;第三方支付公司的优势是具有国内跨境支付牌照的结售汇业务资格;非持牌公司的优势是本地化服务的响应能力强、商业模式灵活。

跨境电商卖家必须对跨境支付机构进行比较分析,了解支付机构的基本情况,尤其是近三年的情况,对机构的优势、劣势、布局及适用范围做到心中有数。

第三步:分析跨境支付方式

跨境支付方式主要有传统电汇、银联国际、国际卡组织、第三方支付四大类。传统电汇是最早出现的传统进出口贸易跨境支付方式,一般通过 SWIFT 通道传输数据;银联国际采用 EMV 标准,海外成员行可通过银联国际体系与我国境内银行或金融机构进行资金结算;

国际卡组织以 VISA、MasterCard 为主;第三方支付是最晚进入的支付方式,可做全链条交易,实现业务集零为整,监管化整为零,第三方支付公司必须拥有支付牌照和支付许可证。

目前跨境电商出口的特点是高频,中低额度,对价格、速度和便利性敏感。传统电汇速度慢且价格贵;银联国际主要聚焦线下;国际卡组织价格贵且收款不方便;第三方支付方式更加便于切入消费场景,凭借技术手段降低了金融服务的成本和门槛,提高了服务频次,扩大了金融服务的受众群体,不断优化 C 端客户体验,并针对不同行业的 B 端商户定制支付综合解决方案,解决了传统模式的痛点。在此背景下,第三方支付正逐渐占据更多的市场份额。

由于跨境支付涉及不同国家和地区的不同支付方式及货币,监管要求和环境差异大,第三方支付公司需在开展业务的地区获得当地的支付牌照,结售汇业务需要持有我国国家外汇管理局下发的跨境支付牌照。

跨境电商卖家必须对跨境支付方式进行分析,尤其是要着重对第三方支付进行分析,了解主流的第三方支付公司的特点、应用场景、到账时间、盈利模式、优势及劣势。

第四步:评估跨境支付风险

跨境支付过程中存在着商户资质审核、物流信息核实、交易真实性、跨境资金非法流动及洗钱、跨境支付业务权益保障难等风险。跨境电商卖家必须根据所经营商品的特点、客户群体的特点对跨境支付过程中可能存在的风险进行评估。

第五步:设计跨境支付方案

在充分了解国内外跨境支付相关政策与规定、对跨境支付机构进行充分调研、分析主流的第三方支付公司、对跨境支付进行全面评估的基础上,设计适合自身店铺的跨境支付方案。

相关知识

一、认识跨境支付

(一)跨境支付

跨境支付是指两个或两个以上国家或者地区之间因国际贸易、国际投资及其他方面所发生的国际债权债务,借助一定的结算工具和支付系统,实现资金跨国和跨地区转移的行为。例如,我国消费者在跨境电商平台购买了国外商家的商品或国外消费者在跨境电商平台购买了我国商家的商品时,由于币种不同,就需要一定的结算工具和支付系统实现两个国家或地区之间的资金转换,最终完成交易。

跨境支付包含三大业务,分别是收单、汇款、结售汇。

1. 收单

跨境收单即帮助一个国家的商户从另一个国家的客户处收钱,可以将其理解为狭义的跨境支付。具体包括以下几个方面。

(1)外卡收单:帮助我国商家收取国外消费者的货款,这里的"外卡"是指国外的信用卡或其他支付工具。

(2)境外收单:商家在境外,消费者在境内。这种情况,消费者使用境内支付工具(如银行卡、支付宝等）向境外商家支付货款。

（3）国际收单：即商家、消费者和支付机构分属不同的国家，通过支付机构提供的服务完成跨境支付。

跨境收单业务目前有一个明显的特点是前台支付工具本土化。支付工具直接面对C端消费者，具有品牌属性。从全球来看，VISA、MasterCard等国际信用卡使用最为普遍；而在我国则是银行卡、支付宝等使用较多。除此之外，全球各地有大量的本土化的支付工具和区域化的支付品牌，以适应当地的需求。就我国的进口业务来说，收单环节在境内，境内的第三方支付公司具有明显的优势。而对于出口业务来说，收单环节在境外，为了方便买家支付，提高交易成功率，为其提供本土化的支付工具至关重要。

2. 汇款

我国卖家在亚马逊、Wish等美国电商平台上销售商品时，电商平台都有指定的支付方式，在相关外汇政策的支持下，在美国获得汇款牌照的支付公司可为我国卖家开立美国的银行账户（虚拟账户），再将货款汇入境内结汇或在我国香港结算成人民币再汇入境内。此类汇款业务在大部分国家只有申请到了相关金融牌照的公司才被允许开设，传统老牌的专业汇款公司以西联汇款、速汇金等为代表，但其市场份额正在减少，而PayPal、Payoneer和WorldFirst等近年来兴起的第三方支付公司日渐成为跨境汇款的主流公司。

3. 结售汇

结售汇是指持有牌照的第三方支付公司，可以在国内开展结汇和售汇，赚取汇差。

（二）第三方支付流程

随着跨境电商的快速发展，近年的跨境支付实践表明第三方支付方式更适应跨境电商的支付需求，第三方支付流程如图7-2所示。

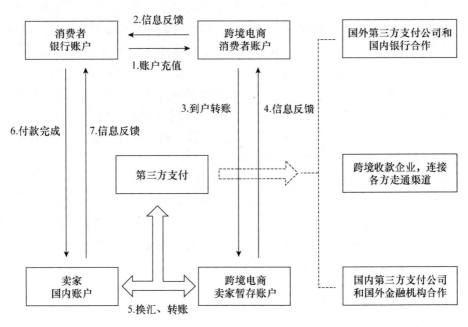

图7-2 第三方支付流程

二、目前主流的线上跨境支付方式

1. 国际卡组织

在跨境电子商务中,国际卡组织作为一种重要的支付方式,发挥着不可或缺的作用。国际卡组织不仅提供信用卡服务,还涵盖了借记卡、预付卡等多种支付工具,满足了跨境电商中多样化的支付需求。消费者可以通过这些国际信用卡或借记卡,在跨境电商平台上轻松完成购物支付,享受全球购物的便利。对于跨境电商卖家而言,与国际卡组织合作意味着能够触达更广泛的国际市场,吸引更多使用国际信用卡的消费者。同时,国际卡组织提供的支付解决方案通常具有较高的安全性和稳定性,能够保障交易的真实性和可靠性,降低交易风险。

目前,世界范围内规模最大的信用卡国际组织是 VISA。该组织是一个由世界金融机构参与建立的非营利性国际金融组织,服务于全世界 200 多个国家与地区的政府、企业、银行、基层消费者等。当前,VISA 卡支持 Apple Pay、Samsung Pay 及 Google Pay 等。

2. 第三方支付

(1) PayPal

PayPal 是全球领先的第三方支付公司。截至 2020 年,其拥有约 3.77 亿个活跃账户。这些账户分布于全世界 200 多个国家,支持超过 100 种货币。2005 年,PayPal 正式进入我国市场,与上海网付易公司合作共同设立贝宝品牌。另外,PayPal 还与中国银联、全球速卖通等开展业务合作,主要为跨境电商商家和海淘消费者提供跨境支付业务。

(2) 支付宝

支付宝是较早参与跨境支付业务的第三方支付公司之一。2007 年,它与中国银行合作开展跨境支付业务。2009 年,其与国际发卡机构合作,提供国际银行卡在线支付服务,即提供境内持卡人在境外网站的支付和境外持卡人在境内网站的支付服务。2014 年,支付宝开始与环球蓝联合推出覆盖多个国家和地区的出口退税业务。2015 年,其开始进行大规模海外支付场景拓展,布局满足我国消费者的跨境支付需求。2016 年以来,支付宝已覆盖更多的进出口跨境电商平台,并与海关完成对接,使其跨境支付业务覆盖层次逐渐加深。比如,支付宝与美国的支付处理平台 FirstData、VeriFone 开展合作,并可以在英国奢侈品百货商店如伦敦哈罗兹、塞尔福里奇百货等使用。目前,支付宝服务于全球超过 50 个国家及地区,很多全球贸易商都选择使用支付宝进行跨境交易。

(3) Payoneer

Payoneer 于 2005 年成立,总部在美国纽约。它持有美国货币服务企业执照和欧洲电子货币金融服务执照,支持六大主要币种,并首创了跨国用户免费转账。Payoneer 平台于 2012 年正式进入我国市场。该平台不但可以轻松地完成从境外 B2C 平台的收款活动,还可以用于 B2B 外贸担保支付与电商生态圈金融领域拓展业务。

三、跨境支付风险

1. 商户资质审核风险

因各国法律的差异,支付机构在核验境外商户的相关信息的过程中存在一定风险。例如,不同国家对于公司注册登记及公司存续的规定不同,因而其注册文件、税收编码文件、股东构成信息、有效授权人证明文件等均不相同,还可能存在资质文件类型、内容是否可公开等差异,而且获取除公司基本信息以外的其他信息需要较高费用。商户的相关信息不全面,就可能导致商户资质审核不到位,进而引发一系列的风险。

2. 物流信息核实风险

在跨境交易过程中,支付机构获取物流信息较为困难,具体存在以下原因:跨境交易涉及多个国家和地区的复杂物流网络;由于资源限制、合作物流公司的服务范围等因素,跨境电商平台或卖家可能难以对每一笔交易都提供详尽、即时的物流信息;部分境外大型的跨境商户可能会以保护客户隐私为由,如担心物流信息中包含客户的家庭住址等敏感信息泄露,而限制或拒绝向支付机构提供完整的物流信息。然而,物流信息是跨境交易中验证交易真实性和追踪货物状态的重要依据,如果支付机构未获得物流信息,将导致交易的透明度降低,可能带来一定的风险。

3. 交易真实性核实风险

跨境支付中的交易真实性核实风险是跨境支付业务中不可忽视的重要环节。这一风险主要源于跨境交易的复杂性和信息不对称。首先,跨境支付涉及多个国家和地区的法律法规、监管体系以及货币体系,导致交易过程难以全面跟踪。其次,由于支付机构在获取交易双方信息、物流信息以及资金流信息方面存在难度,难以确保每笔交易的真实性和合规性。此外,跨境支付中还可能存在虚假交易、欺诈行为等风险,这些行为不仅损害支付机构的声誉,还可能给交易双方带来经济损失。

4. 技术安全风险

随着跨境支付业务的快速发展,技术安全风险也日益凸显。跨境支付依赖于互联网和移动支付等先进技术,但这些技术本身存在安全漏洞和隐患。黑客攻击、数据泄露、支付欺诈等安全事件时有发生,给跨境支付业务带来威胁。一旦支付系统遭受攻击,可能导致客户信息泄露、资金被盗、交易数据被篡改等严重后果。

实训项目

1. 请比较 PayPal 与支付宝两个支付平台各有什么特色。
2. 小陈是一家服装企业的负责人,企业目前采用 B2B、B2C 两种跨境出口方式,跨境出口的主要市场是欧美,请为小陈制订一套适合企业发展的跨境支付方案。

任务二　全球速卖通跨境电商支付

任务导入

正在准备购买结婚礼服的 A 女士听朋友介绍在全球速卖通上可以买到物美价廉的礼服。于是,她第一次进入了全球速卖通平台,完成注册并登录之后开始寻找自己心仪的礼服。她通过 wedding dress 关键词搜索进入了苏州某信息科技有限公司在全球速卖通上开设的店铺,并找到了合适价位的中意款式。由于,A 女士是第一次在全球速卖通上购物,对购买、支付等相关环节不熟悉。客服与 A 女士沟通之后,了解了她的购物需求,于是指导 A 女士通过 PayPal 支付方式完成了礼服的购买。

任务流程

第一步:选购商品并确定商品参数

买家在浏览页面的时候,如果遇到感兴趣的商品可以直接单击图片,进入商品的详情页,浏览完该商品详情页所有的图文及价格后,如果确定要购买该商品,可以选择想要的颜色和尺寸。如果遇到尺寸不确定的情况,买家可以在线留言向客服咨询,所有信息都确认之后,单击"Buy Now"按钮进行购买(如图 7-3 所示)。

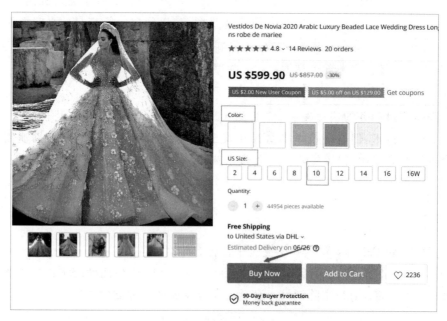

图 7-3　全球速卖通商品详情页

第二步：填写相关信息

进入支付页面，买家填写信息，需要填写的信息包括姓名、手机号、邮寄地址等，如果不是首次购物，也可以直接选择之前的信息（如图 7-4 所示）。

第三步：选择支付方式

在图 7-4 所示页面中，买家还需要选择支付方式，通常都是以信用卡和 PayPal 支付为主，A 女士选择 PayPal 支付。

图 7-4　选择邮寄地址及支付方式

买家很容易因支付方式和渠道的差异而取消订单，因此，客服指导客户使用安全方便的支付方式，有利于订单的顺利达成。

第四步：付款

买家选择 PayPal 付款方式付款后，会直接跳转到 PayPal 登录页面（如图 7-5 所示）。输入 PayPal 用户名和密码后，进入到支付页面，确认地址和金额准确无误后，确认支付即可，支付成功后会有相关提示。

第五步：物流送达确认

买家支付成功后，卖家开始安排配货。完成质检流程后，卖家根据买家下单时选择的物流方式进行配送，并告知买家关于物流运送的相关事宜。

图 7-5　PayPal 主页登录页面

第六步：回款

待订单妥投，买家顺利签收包裹后，卖家要第一时间联系买家，提醒买家主动点击确认收货。买家确认收货后，卖家会收到全球速卖通平台的提醒邮件（如图7-6所示）。

图 7-6 提醒邮件

放款后，卖家可以在全球速卖通账户中查到该笔订单的款项，同时在全球速卖通账户中能查看所有已经回款的订单。如果需要提现或者结汇单击"Transfer"按钮即可（如图7-7所示）。

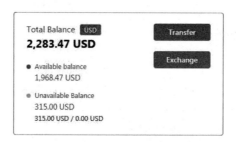

图 7-7 回款查看页面

相关知识

一、全球速卖通收款账户设置

在全球速卖通平台，卖家需要设置两个收款账户：人民币收款账户和美元收款账户。

（一）人民币收款账户设置

如果卖家没有设置过收款账户，可以通过添加账户的方式进行绑定。具体操作流程如下：

（1）登录全球速卖通卖家后台，单击"交易"—"速卖通账户"，进入"速卖通账户"页面，找到"CNH人民币账户"或"CNY人民币账户"，单击"提现账户"下面的数字（如图7-8所示），进入"提现账户管理"页面。

（2）在"提现账户管理"页面（如图7-9所示），单击"添加账户"即可进入"添加银行账户"页面。

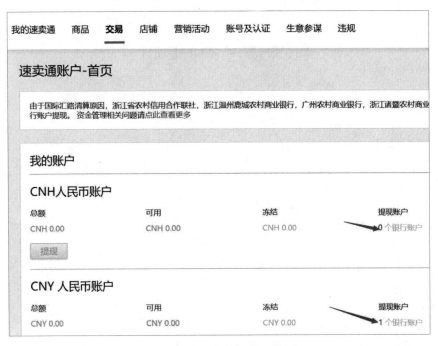

图 7-8 人民币收款账户设置(一)

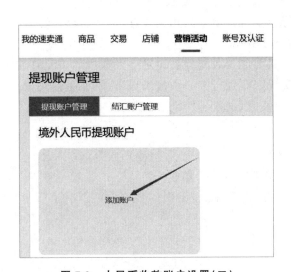

图 7-9 人民币收款账户设置(二)

(3)在"添加银行账户"页面(如图 7-10 所示),依次填写账户名、身份证和银行账号信息,填写完毕后,单击"绑卡"按钮即可。

(二)美元收款账户设置

1. 美元收款账户类型

美元收款账户是卖家用来收取买家通过信用卡(美元通道)、西联汇款、QIWI Wallet 等支付方式支付的交易款项。美元收款账户分为公司美元收款账户和个人美元收款账户。

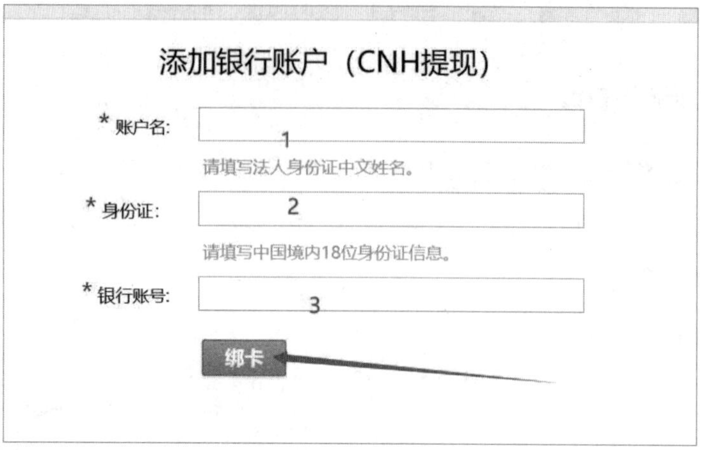

图 7-10 人民币收款账户设置(三)

(1) 公司美元收款账户要求

公司美元账户若要接收美元并进行结汇操作，需满足一系列条件：企业必须具备进出口权；针对每一笔涉及美元的收款，企业均需执行正式的报关手续，确保货物或服务的进出口行为符合海关及外汇管理部门的监管要求；在银行端，企业需配合完成出口收汇的核查流程；同时，还需按照国际收支统计申报的相关规定，准确、及时地提交申报信息。

(2) 个人美元收款账户要求

个人美元收款账户只要能接收海外公司对个人账户的美元打款即可。

两种账户设置的美元账户银行卡必须是借记卡，不能是信用卡。若公司有进出口权，并能办理报关手续等，建议卖家设置公司美元收款账户；若没有，建议卖家设置个人美元收款账户。

2. 美元收款账户设置流程

(1) 登录全球速卖通卖家后台，单击"交易"—"速卖通账户"，进入"速卖通账户"页面，找到"美元账户"，单击"提现账户"下面的数字(如图 7-11 所示)，进入"美元提现账户"页面。

图 7-11 美元收款账户设置(一)

(2) 在"美元提现账户"页面(如图 7-12 所示)，单击"添加账户"即可，进入"添加银行账户(美元提现)"页面。

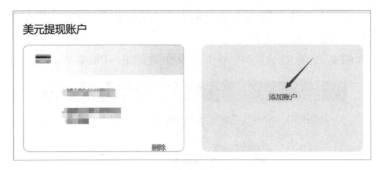

图 7-12　美元收款账户设置(二)

（3）在"添加银行账户（美元提现）"页面（如图 7-13 所示），依次填写 Swift Code、账户名、银行账号等必填项。填写完毕后，单击"绑卡"按钮即可。

图 7-13　美元收款账户设置(三)

二、全球速卖通关联 PayPal 账户设置

PayPal 是一个全球化的支付平台，服务遍及全球 200 多个国家和地区，支持用户使用多种货币付款。全球速卖通在美国及欧洲等国引进了 PayPal 支付渠道，从而使买家可以直接通过 PayPal 在全球速卖通平台上完成支付。

1. 卖家账户关联 PayPal 账户的流程

（1）登录全球速卖通卖家后台，单击"交易"—"启用 PayPal 账户"，页面会出现弹窗请卖家确认是否同意补充协议（如图 7-14 所示）。

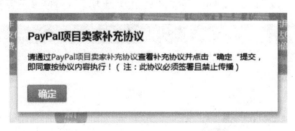

图 7-14　PayPal 项目卖家补充协议

（2）卖家若同意补充协议，单击"确定"按钮后，可根据的情况具体选择。

① 若卖家尚未拥有 PayPal 账户，可单击"注册并启用"，进入"PayPal 账户基本信息登记"页面，填写卖家的基本信息。

注意：即使卖家的全球速卖通账户已完成企业认证，在填写 PayPal 账户的基本信息时仍需填写企业信息，否则将无法提交。

若页面出现如图 7-15 的提示，按提示步骤操作激活 PayPal 账户。

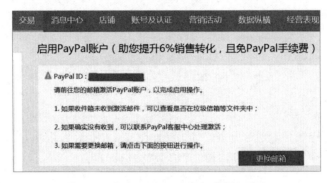

图 7-15　启用 PayPal 账户相关提示信息

② 若卖家已有 PayPal 账户，可单击"立即启用"，并在弹出的页面填写 PayPal 账户，并选择国家或地区（如图 7-16 所示）。

图 7-16　填写 PayPal 账户并选择国家或地区

（3）关联成功后，会显示如图 7-17 所示页面。卖家如果希望解绑 PayPal 账户，可以在此页面单击"停用账户"按钮；卖家如果需更换 PayPal 账户，可单击"更换账户"按钮。

图 7-17　PayPal 账户成功启用提示

2. PayPal 收款手续费

买家在全球速卖通平台上使用 PayPal 支付需要支付一定的手续费(卖家不需要支付额外的费用),在订单中叫 Marketplace Fees。如果交易金额小于或者等于 20 美元,需支付 0.80 美元的平台交易手续费;如果交易金额大于 20 美元,交易手续费则按照交易金额的 4% 收取。

三、全球速卖通平台收费标准

全球速卖通会在交易完成后对卖家收取手续费,买家不需要支付任何费用。全球速卖通对卖家的每笔订单收取 5% 的手续费,目前这是全球同类服务中费用最低的。

四、全球速卖通平台卖家提现

美元账户提现金额最少为 16 美元,人民币提现金额最少为 0.01 元。美元账户每次提现收取 15 美元的手续费(提现退票后重新提现也将记为 1 次,需再次收取手续费)。人民币提现不需要手续费。不同账户的提现详情如表 7-1 所示。

表 7-1 卖家提现

分类	币种	功能	提现账户要求	提现到账时间	提现手续费
CNH 人民币账户	人民币	提现	绑定的银行卡开卡人必须是全球速卖通认证的法人	预计 7~14 个工作日	以提现页面为准
CNY 人民币账户	人民币	提现	经过实名认证的国内支付宝账户,个人或公司性质的都可以使用 同一个资金账户中一次只能添加一个国内支付宝账户;一个国内支付宝账户可以在多个资金账户中被添加为提现账户,无个数限制	预计 1~3 个工作日	无
美元账户	美元	提现	账户对应的银行卡是一张借记卡,不能为信用卡 设置的美元账户能接受海外银行公司名义的美元打款,具体可咨询开卡银行 公司美元账户若要接收美元并进行结汇操作,需满足一系列条件:企业必须具备进出口权;针对每一笔涉及美元的收款,企业均需执行正式的报关手续,确保货物或服务的进出口行为符合海关及外汇管理部门的监管要求;在银行端,企业需配合完成出口收汇的核查流程;同时,还需按国际收支统计申报的相关规定,准确、及时地提交申报信息 同一个资金账户最多可以添加三张提现银行卡。一张银行卡可以在多个资金账户中被添加,无个数限制	预计 7 个工作日	15 美元
美元→人民币		结汇	企业同名国内企业支付宝账户或企业法人同名的个人支付宝账户	预计 5 个工作日	以结汇页面为准

实训项目

1. 请分析全球速卖通卖家选用 PayPal 的优势。
2. 请问目前较为流行的第三方支付公司有哪些?

项目小结

全球速卖通账户的设置和管理是卖家店铺管理的重要组成部分。本项目采用实际操作的方法介绍了全球速卖通收款账户的创建、设置、提现等,任务一对跨境支付及跨境支付的收单、汇款、结售汇三大业务、第三方支付流程、线上跨境支付方式、跨境支付风险进行了论述。任务二对全球速卖通收款账户的人民币收款账户设置流程、美元收款账户的设置流程、邦定 PayPal 收款账户设置流程进行了介绍。

项目八 平台介绍

> **知识目标**

了解敦煌网、亚马逊等跨境电商平台的基本规则、平台开店流程、经营模式等。

> **技能目标**

掌握敦煌网平台基本规则、开店流程、开店费用、运营模式,能在敦煌网上开店;
掌握亚马逊平台基本规则、开店流程、开店费用、运营模式,能在亚马逊上开店。

> **项目导入**

苏州某信息科技有限公司于2012年入驻敦煌网,经过多年的努力,该公司在敦煌网已经拥有十多个店铺,年销售额也从最初的几十万美元突破到了几百万美元。其经营的主要品类有婚纱礼服、女装、配饰、母婴等商品。公司在敦煌网的Babyonlinedress品牌已经在国内外市场拥有较高的知名度和良好的美誉度。商品远销全球200多个国家和地区,主要市场在欧美、中东地区。该公司连续多年被评为"敦煌网十大卖家",并在敦煌网持续保持婚纱礼服行业第一名的优秀成绩。

该公司于2015年入驻亚马逊平台,开通了亚马逊北美站点(美国、加拿大、墨西哥)及欧洲站点(欧洲五国:英国、法国、德国、意大利、西班牙)。之后,该公司紧跟亚马逊在全球开店的步伐,先后布局了日本站、澳大利亚站及中东站,并在各个站点设有相应小语种运营店铺,受到了各国客户的一致好评。2017年Babyonlinedress被亚马逊评为"Tomorrow's Global Brand(明天的全球品牌)",2019年Babyonlinedress入选"2019亚马逊中国出口跨境品牌百强"。

任务一　敦煌网平台

> **任务导入**

敦煌网(首页如图8-1所示)创立于2004年,专注小额B2B赛道,整合关检、物流、支付、金融等领域生态圈合作伙伴,打造集相关服务于一体的全平台、线上化外贸闭环模式,搭建简便、安全、高效的国际贸易通道,在帮助国内中小企业直连国际市场的同时,也帮助海外中小零售商获得质优价廉的货源,实现对供应端和采购端的双向赋能。

早在2012年,苏州某信息科技有限公司就已入驻敦煌网开设店铺。2023年,公司为了进一步拓展北美、南美、亚洲、非洲、欧洲等市场,决定加大在敦煌网的投入,并开设婚纱礼服私人定制店铺。

项目八 平台介绍

图 8-1 敦煌网首页

任务流程

第一步：敦煌网开店

（1）登录敦煌网卖家端首页，单击"立即入驻"或"免费开店"，进入如图 8-2 所示的注册页面。

图 8-2 敦煌网卖家注册页面

(2) 按照页面提示，填写真实的注册信息。

(3) 验证邮箱：提交信息后卖家的注册邮箱会收到一封激活邮件，登录注册邮箱打开邮件，点击激活链接，完成邮箱验证。

(4) 根据要认证的身份类型提交对应的身份认证资料，完成身份验证。

第二步：敦煌网上传产品

(1) 登录"我的 DHgate"，单击"我的产品"—"添加新产品"，进入"添加新产品"页面。

(2) 填写产品基本信息。① 产品标题：清楚、完整、形象，最多可输入 140 个字符；② 产品基本属性：根据产品特征，选择属性，如品牌、款式、尺寸、材质、颜色等，填写的属性值将会直接显示在买家页面；③ 产品规格：根据产品规格的不同，设置不同的零售价，该价格会直接显示在买家页面。

(3) 填写产品销售信息。① 销售方式：可以选择按件销售或按包销售，若选择按包销售，卖家须输入每包产品的数量，其中单位为件，还可以选择其他销售单位，如双、套等。② 备货状态：可以选择有备货或待备货，有备货可以选择备货地、备货数量、备货期（有备货的产品备货期小于等于 2 天）；待备货的产品可以设置客户一次最大购买数量，并且备货期可以设置为 1~60 天。③ 中产品价格区间：可以针对同一产品的不同数量区间，分别设置各个数量区间的不同报价。如果同一产品还有不同的规格，也可以针对不同规格的产品在不同的数量区间设置各自的价格。

(4) 填写产品内容。① 产品图片：用生动真实的图片展示产品，上传产品之前要准备好图片，图片格式为 JPEG，大小在 2M 以内，同一产品的内容描述中，可以展示 8 张图片。② 站内外推广图片：上传一张高质量的图片用于站内外推广，图片无人为修改痕迹，无促销、产品属性等信息。③ 产品组：为方便管理产品，可以创建产品组，将同一类别的产品添加到同一个产品组中。④ 产品描述：填写产品描述，将产品的特色、功能、服务、包装及运输信息等介绍清楚（敦煌网的消费者群体主要是国外买家，要用英文填写产品描述）。

(5) 填写产品包装信息：输入产品包装后的重量及大小（长、宽、高）。

(6) 运费设置。卖家如果是第一次上传产品，需要创建一个运费模板。创建运费模板的步骤如下：① 单击"运费模板管理"，跳转至"添加运输模板"页面；② 单击"添加新模板"，填写"运费模板名称"并选择想要使用的物流方式；③ 填好模板名称并设置好物流方式之后，单击"保存"即完成模板创建。

(7) 填写其他信息，如产品有效期等。填写完成后，产品就上传完成了。

第三步：敦煌网开店费用

1. 平台使用费

在敦煌网新注册的店铺均需缴纳平台使用费，新注册店铺的卖家可以选择按年度缴纳、按半年度缴纳或按季度缴纳，具体费用以平台公告为准。

2. 定价广告费

定价广告是敦煌网整合网站的资源，倾力为敦煌网卖家打造的一系列优质推广展示位，分布于网站的各个高流量页面，占据了页面的焦点位置，以图片或者橱窗等形式展示。定价广告仅对敦煌网卖家开放,卖家可以在"敦煌网产品营销系统"平台上购买。定价广告分为三种类型,具体如表8-1所示。

表 8-1 敦煌网定价广告类型

广告类型	展示位置	投放形式
Banner 广告	主要分布在网站首页、各类目频道首页、产品列表及买家后台首页等超高流量页面。同时广告位于页面的醒目位置,拥有很好的展示效果和点击率	以图片形式展示,更能吸引买家的注意。适合进行店铺宣传、品牌推广和大规模促销
站内展位	主要分布在网站首页和各类目频道首页等超高流量页面	专门的单品和店铺展示橱窗,贴合买家的浏览习惯,获取更精准点击。适合进行店铺宣传和单品爆款
促销展位	分布在网站的各种促销活动页面,季节性和主题性强,针对最适合的群体展示	按类目和产品特性定制化打造的展示界面和橱窗展位,可以全面展示产品,赢取流量和转化。适合进行新品促销和单品爆款

定价广告的报价,在不同的时期价格会有波动,卖家可以在购买时查找敦煌网定价广告价目表了解准确的报价。

3. 推广营销

敦煌网为卖家提供了A+计划、展示计划、定向推广、流量快车、视觉精灵、商品陈列位、网红智能营销计划等多种推广营销方式,有的方式是免费的,比如平台的卖家(低于标准的商户除外)都能免费获得一定数量的流量快车,但超过数量的流量快车需要付费。

图 8-3 所示为苏州某信息科技有限公司在敦煌网开设的店铺页面。

图 8-3 苏州某信息科技有限公司在敦煌网开设的店铺页面

相关知识

一、敦煌网平台规则

(一) 卖家注册规则

1. 注册资质要求

(1) 注册人年龄须在18~70周岁。

(2) 仅限中国内地的企业或个人,或中国香港地区的企业申请注册。

2. 注册账户数量

(1) 使用同一营业执照注册的企业卖家账户数量不得超过10个。

(2) 使用同一身份信息注册的个人卖家账户数量仅限1个。

3. 注册信息要求

(1) 登录名要求

① 登录名不得包含违反国家法律法规、涉嫌侵犯他人权利或干扰敦煌网运营秩序等相关信息。

② 登录名不得包含侮辱性、歧视性或侵略性的词语。

③ 登录名不能包含联系方式,包括电子邮箱、网址、电话号码、QQ号、MSN地址等。

④ 登录名不能包含第三方品牌词汇、名人姓名等。

⑤ 登录名不能包含误导性词语,比如"PowerSeller""TopSeller"等。

(2) 身份信息要求

① 个人卖家:填写注册人本人姓名及身份证号码,所有信息须真实有效,注册人即账户的持有人和完全责任人。

② 企业卖家:填写注册人姓名、注册人身份证号码,公司名称、公司注册号。注册人须为该注册公司的法人,或者由该公司授权的全权代表。该注册人为敦煌网卖家账户的持有人和完全责任人。

③ 必须填写注册人本人真实、有效、完整的电子邮箱和手机号码。

4. 实名认证

敦煌网会根据卖家提供的电子邮箱、手机号码、身份证件及企业资质信息进行验证。

5. 其他规定

(1) 因严重违规被关闭账户的卖家,不得在敦煌网重新注册账户。

(2) 因违规被限期冻结账户的卖家,账户冻结期间不得在敦煌网重新注册账户。

(3) 注册账户后,超过120天未完成手机验证和邮箱验证的,系统将自动视为放弃注册,不予开通。

（二）产品发布基本规则

1. 产品基本信息发布规则

（1）产品标题：应充分展示产品名称、型号、品牌，不得带有任何与产品真实信息无关的文字或符号，不得带有中文字符。

（2）产品类目：选择与所售产品相匹配的类目上传产品。相同的产品仅限上传一次，避免重复上传。

（3）产品属性：准确设置产品品牌属性、基本属性、自定义属性、销售属性等信息。

2. 产品销售信息规则

（1）产品价格：合理设定产品价格及购买数量区间，并合理设置运费。所有信息须真实准确且符合一般商业规范和行业规范。

（2）产品备货：根据产品实际情况如实填写产品备货信息，包括备货期、备货状态、备货数量、备货所属地等信息。

（3）产品包装：准确填写所售产品的包装信息，包括产品计量单位、包装后重量、包装后尺寸。

3. 产品描述规则

（1）产品图片：图片格式应为 JPEG，文件大小应在 2M 以内，确保使用产品原图（即无任何修改痕迹、无水印、无修饰边框和文字），切勿盗用他人图片。产品实物图片需包含整体图片、细节图及使用过程图等。

（2）简短描述：简明扼要地描述产品的基本信息。

（3）详细描述：详尽地描述产品功能属性、细节特点、使用说明、支付方式、物流方式、售后服务等内容。

4. 产品视频发布规则

（1）视频中禁止包含任何侵犯知识产权的行为。

（2）视频中的产品信息须完整展示，商标部位不得存在遮挡或涂抹。

（3）视频中禁止包含暗示该产品为其他品牌产品的行为。

（4）视频中禁止出现卖家的私人联系方式，如电话、电子邮箱等。

（5）视频中禁止出现其他任何违反平台规则的行为。

5. 其他信息发布规则

（1）产品发布工具：卖家需通过平台 SYI 页面、DHgate 一键达工具或 DHgate 提供的 API 接口上传产品。为了避免出现匹配错误的情况，卖家不要使用第三方"搬家"工具。

（2）售后服务模板：卖家出售产品均须设置合理的退换货、退款服务承诺。卖家承诺的售后服务承诺须高于平台规定的售后服务标准。

（3）产品名称、简短描述、详细描述、图片等信息应一致。

（三）平台佣金规则

在产品上传页面，卖家发布产品时可直接填写"预计收入"（注：预计收入中需扣减支付手续费)。填写预计收入后,卖家无须再计算佣金率,平台会自动计算并展示给买家含佣金的购买价,这样可以帮助卖家更简单方便地了解自己每件产品的利润。具体佣金规则如下:

(1) 当单笔订单金额少于 300 美元,平台佣金率调整至 19.5%~21.5%(中国品牌手机平台佣金率调整至 5.5%)。

(2) 当单笔订单金额大于等于 300 美元且小于 1000 美元,平台佣金率调整至 8%。

(3) 当单笔订单金额大于等于 1000 美元,平台佣金率调整至 3.5%。

(四) 敦煌网产品审核规则

敦煌网会对卖家上传的产品进行审核,卖家上传产品时不能违反敦煌网产品审核规则,要避免出现以下几种情况。

1. 侵权产品

若销售主体为侵权产品,则不予通过,主要分为图片侵权与文字侵权。

(1) 图片侵权

① 图片侵犯注册商标。

② 图片侵犯他人的版权或专利权。

③ 图片侵犯他人肖像权。

④ 产品形似其他品牌产品,且图片有涂抹痕迹。

⑤ 产品形似其他品牌产品,故意不显示品牌标识。

⑥ 恶意破坏、侮辱或其他不正当使用各国国旗图案。

⑦ 其他侵权行为。

(2) 文字侵权

若产品标题、产品描述有出现如下几种情况,则为文字侵权。

① 产品侵犯注册商标。

② 产品描述含注册商标的产品线词且为同类产品。

③ 产品描述含注册商标的变形词(部分词)且为同类产品。

④ 形似其他品牌产品,文字描述中有暗示产品为其他品牌产品的语言,如 The world famous brand,Here has the logo 等。

2. 违规产品

当卖家违规发布产品时,审核不予通过。

(1) 图片违规

① 抄袭其他卖家图片。

② 使用官网图片。

③ 产品图片模糊。

④ 产品图片双水印。

(2) 文字违规

① 乱放关键词(使用多个品牌词、型号词或与上传产品无关的词语)。

② 留联系方式。
③ 产品图片名称与描述不符。
④ 详细描述有中文字符。
(3) 其他违规
① 乱放类目。
② 更换产品：禁止将已有一定销售量基础的产品编号中的产品更换为其他产品，以增加曝光量。
③ 重复产品。

(五) 敦煌网产品搜索排名规则

影响产品搜索排名的因素有产品相关性、产品质量、服务质量、投放曝光系统和降权惩罚。

1. 产品相关性

产品相关性是指产品与关键词或类目相匹配的程度。当买家搜索关键词或者类目时，系统会将该关键词或类目与产品的多项信息进行匹配，如标题、类目、详细描述、简短描述、属性等。匹配度高的产品会出现在买家的搜索列表页。匹配度越高的产品，得分也就越高，排序就会越靠前。这几个的相关度是相互关联的，即如果标题匹配，但简短描述不匹配，或者简短描述、详细描述匹配，而类目不匹配，得分都会受到影响。因此，卖家要注意以下几点。

(1) 产品一定要上传至正确的类目。
(2) 产品名称尽可能准确全面地描述产品。
(3) 产品属性尽量完善。

2. 产品质量评分

产品质量的优劣从根本上决定了买家是否会最终下单并成功支付。影响产品质量评分的因素较多，主要影响因素有销售额、转化率、价格、图片。

(1) 销售额

销售额即产品的售出金额。销售额越高，则产品质量分数越高。

(2) 转化率

转化率代表产品被曝光后的点击量和购买情况。转化率对新品的产品质量评分尤其重要。

(3) 价格

定价要合理，敦煌网会从销售数据、同类产品市场价格等多方面来判断产品的价格是否合理。恶意压价和抬价会使产品质量评分被减分。

(4) 图片

敦煌网会从数量和质量方面判断产品图片，但图片也并非越多越好，在保证数量的同时，一定要兼顾质量。

3. 服务质量

卖家的服务质量也是决定买家是否购买的关键因素，即使产品质量好，但服务质量差，也可能导致订单的流失。因此,搜索排序非常关注卖家的服务质量。平台会从以下几个方面评判卖家服务质量的优劣。

(1) 重复购买率

重复购买率越高,该项得分越高。

(2) 好评率

好评率越高,该项得分越高。

(3) 纠纷率

纠纷率越低,该项得分越高。

(4) 退款率

每一次的退款都可能影响该项得分,由于卖家原因导致的退款对评分影响很大。

(5) 卖家等级

P级(优秀)、T级(顶级)卖家在搜索排序中有一定优势。

4. 投放曝光系统

投放曝光系统,产品质量评分可以获得一定的加分。

5. 降权惩罚

在敦煌网,对于违规的卖家有明确的惩罚制度,惩罚最直接的表现就是搜索降权。以下五种违规行为会被搜索降权。

(1) 乱放类目。

(2) 堆砌关键词。

(3) 发布重复产品。

(4) 恶意调高、调低价格。

(5) 新品连续退款退货。

二、敦煌网经营模式

(一) 盈利模式

敦煌网采用的收费战略是针对买家的。买卖双方都能够免费注册成为平台的会员。买家成功下单后,平台依据单笔订单的金额向买家按比例收取佣金作为敦煌网的服务费。与此同时,敦煌网还对卖家收取平台使用费。除此之外,敦煌网还有两大收入来源——为卖家提供了增值服务和广告服务。其中,增值服务就是将多种的功能、资源和服务进行优化整合,形成各种不同的组合,卖家可以根据自己的需求进行选购。目前,敦煌网提供的增值服务主要是"增值包"服务,该服务分为黄金礼包、白金礼包和钻石礼包。购买该服务的卖家在产品的展示页面、店铺功能和在线咨询工具等诸多方面,都有着其特定的优势。卖家可根据自身不同需求,选择不同的礼包。

(二) 支付模式

敦煌网作为一个第三方平台,不仅为卖方提供收款服务,也为买方提供多样化的支付解决方案。该平台与多个海外支付机构建立了紧密的合作关系,支持多种支付方式。买家在购买商品时,可以通过电子渠道将款项安全地汇入敦煌网指定的账户中即可完成交易。除了常见的信用卡支付方式外,敦煌网还支持买家使用银行转账等支付方式,这不仅为买家提供了更多选择,还能有效减少因中间环节而产生的手续费,降低了交易成本。众多海外知名的大型支付机构与敦煌网保持着长期稳定的合作关系,这不仅增强了平台的支付能力,也确保了交易的安全性与可靠性。因此,买家通过敦煌网平台进行支付,不仅能享受到便捷的支付体验,还能有效保障买卖双方的利益。同时,敦煌网也通过促成成功的交易来实现自身的盈利,形成了良性循环。

(三)运营模式

敦煌网的运营模式相对较新。它不使用会员支付,而是采用第三方保证模式,即平台不仅是显示产品的接口,而且作为参与者参与交易。在交易的过程中,敦煌网对交易的过程进行监督,并且作为第三方平台代收买方货款。若买卖双方出现纠纷,敦煌网将作为第三方进行协商调解。敦煌网不仅提供展示产品的平台和推广服务,还提供信用担保和交易过程监督服务。

(四)物流模式

1. 海外直发的物流模式

敦煌网海外仓结合平台大数据,分析海外仓市场使用习惯,为卖家量身打造海外仓解决方案。敦煌网采用海外直发的物流模式。

2. 敦煌网物流在线发货模式

敦煌网联合第三方优质物流公司,由平台补贴运费,提供免费上门揽收、全程物流跟踪、纠纷赔付等物流保障服务。

训练项目

1. 进入敦煌网详细了解开店规则,进入敦煌大学频道学习开店、店铺装修、上传产品、店铺推广、引流、提高转化率的技巧。
2. 请分析敦煌网的优势和劣势、运营特点以及其与全球速卖通的区别?

任务二 亚马逊平台

任务导入

亚马逊(Amazon)是美国的一家网络电子商务公司,总部位于华盛顿州的西雅图。它是最早开始经营电子商务的线上平台之一,亚马逊成立于1995年,一开始只有书籍销售业务,现在经营范围相当广。亚马逊为客户提供数百万种商品,如图书、电子产品、家居园艺用品、婴幼儿用品、食品、服饰、珠宝等。亚马逊中国首页如图8-4所示。

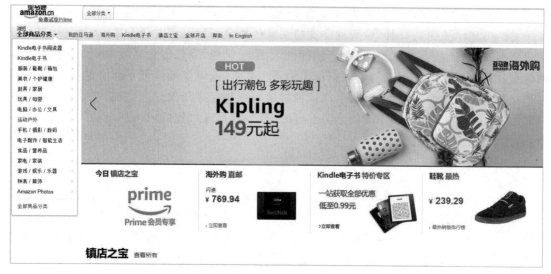

图 8-4 亚马逊中国首页

早在 2015 年,苏州某信息科技有限公司就已入驻亚马逊,开设了多个店铺。2023 年,公司为了进一步拓展北美、南美、亚洲、非洲、欧洲等市场,决定加大亚马逊入驻力度,开设婚纱礼服私人定制店铺。

任务流程

第一步:在亚马逊注册开店

在亚马逊开店的流程如下:

(1)进入"亚马逊全球开店"官网,单击"前往站点注册"选择相应的站点,在如图 8-5 所示页面单击"创建您的 Amazon 账户"创建新账户。在"创建账户"页面填写姓名、邮箱地址、密码。

图 8-5 创建新账户

(2) 设置销售账户。在设置销售账户时要注意公司用户使用英文或拼音填写公司注册名称,个人用户使用英文或拼音填写个人名称。

(3) 填写业务信息(除了邮编,其余信息用拼音或英文填写)。填写完成后,可以选择用电话或是 SMS(短信)进行号码验证。若选择电话验证:输入相关内容后,单击"立即与我联系"(如图 8-6 所示),就会接到系统打来的电话,然后电脑会显示 4 位数字,接通电话把 4 位数字输入进去,按♯号结束,即可完成验证。

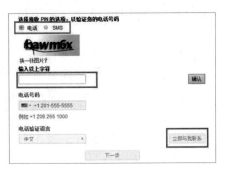

图 8-6 电话验证

若选择 SMS(短信)验证:单击"立即给我发短信",会收到如图 8-7 所示的信息。

图 8-7 SMS(短信)验证

将信息中的验证码输入如图 8-8 所示的提示框中。

图 8-8 输入 SMS(短信)收到的 PIN

验证成功后便会跳转至下一步。

(4) 设置卖家的计费方式和存款方式(这一步设置成功后,系统会从信用卡账户上扣除 1 美元)。其他注意事项如下:

① 需要使用可以支付美元的信用卡,VISA、MasterCard 均可。

② 确认默认地址信息是否与信用卡账单地址相同。若不同,需要使用英文或者拼音重新填写地址。

③ 信用卡持卡人与账户注册人无须为同一人,公司账户亦可使用个人信用卡。若填写信息正确,系统会尝试对该信用卡进行预授权以验证该信用卡的额度,持卡人可能会收到发卡行的预授权提醒。

④ 在注册完成和账户运营过程中,可随时更换信用卡信息。

⑤ 卖家账户结余不足以抵扣相关款项时,系统会从该信用卡中扣除每月月费或其他费用。

平台如果通知信用卡信息无效,卖家可以检查以下信息:

① 账单地址。该地址必须与信用卡对账单中的账单地址完全相同。

② 与开户银行核实,确认信用卡尚未过期,具有充足的信用额度,且对网上扣款无任何限制。

(5) 上述信息通过后,接下来平台会进行税务信息调查。

根据注册主体的性质,选择账户受益人类型。如果账户是公司,须确认公司的邮寄地址(如图 8-9 所示),确认无误后,单击"保存并继续"按钮进入下一步。

图 8-9　邮寄地址

(6) 同意提供电子签名。

(7) 单击"退出调查"按钮结束审核,如图 8-10 所示。

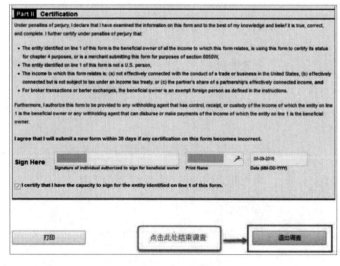

图 8-10　结束审核

（8）完成上述步骤后，账户注册已完成，可以进入卖家后台进行管理了。

第二步：在亚马逊上传产品

在亚马逊卖家后台完成了产品上架，顾客才能够搜索到该产品。下面美国站为例，介绍亚马逊上传、上架产品的流程。

1. 创建新产品

（1）进入卖家后台，单击"INVENTORY"—"Add a Product"（如图 8-11 所示）。

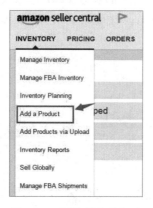

图 8-11　创建新产品（一）

（2）在如图 8-12 所示的页面单击"Create a new product listing"跳转至下一步。

图 8-12　创建新产品（二）

（3）在如图 8-13 所示的列表中选择产品详细品类，并单击"Select"按钮确认。

图 8-13　创建新产品（三）

如果未找到相应的品类，可能是因为该品类产品的销售需要审核，可以单击"Learn more"获取更多信息（如图 8-14 所示）。

> Note: If you do not see your product's category listed below, it may require approval, be restricted, or your application is under review.
> Learn more or check your selling application status.

图 8-14　创建新产品（四）

如果不确定产品的品类，可以使用品类搜索功能，在如图 8-15 所示页面的文本框中输入品类关键字后，单击"Find category"按钮进行搜索，在搜索结果中选择相应的品类后，再进入添加产品页面。

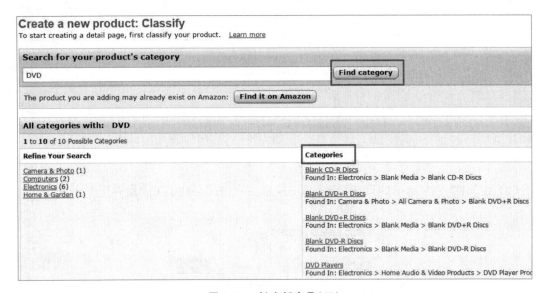

图 8-15　创建新产品（五）

（4）在如图 8-16 所示的页面输入相关产品信息，有星号标记的为必填项。所有有星号标记的信息都填上后，下方的"Save and finish"按钮会由灰色变成橘黄色，此时单击"Save and finish"按钮即可创建产品。

（5）大约 30 分钟之后，产品信息会展示到亚马逊前台和管理库存页面。

2. 创建多属性商品

多属性商品一般指服饰类、珠宝首饰类商品，也称为变体商品。也就是，当买家选择不同尺寸和颜色时，价格、库存、图片会随之变化，如图 8-17 所示。

（1）在"Variations"选项卡下单击"Variation Theme"下拉列表框倒三角按钮选择变体商品主题如 Color(颜色)、Size、Color(尺寸、颜色)、Size(尺寸)，如图 8-18 所示。

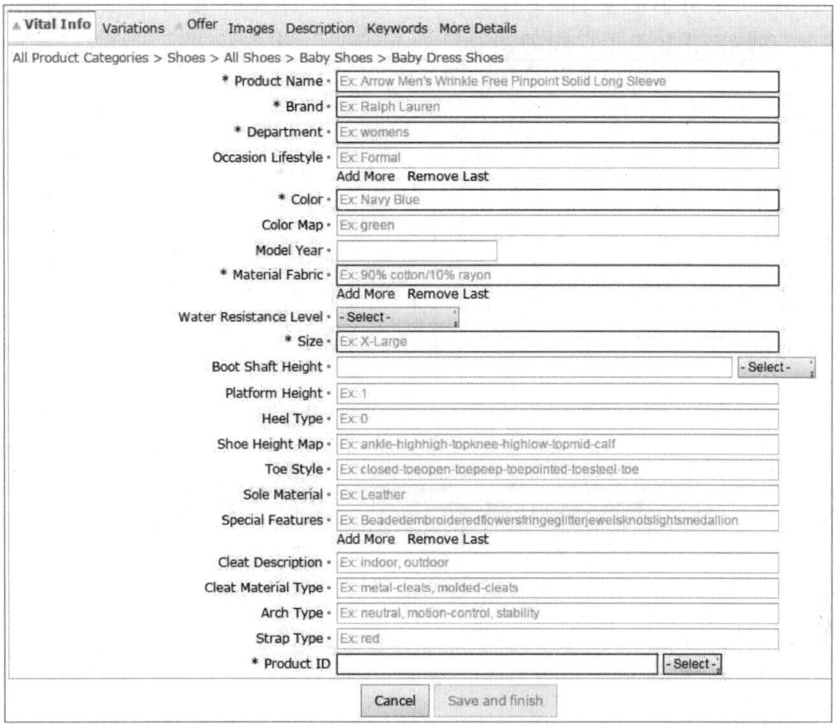

项目八 平台介绍

图 8-16 创建新产品(六)

图 8-17 创建多属性商品(一)

图 8-18 创建多属性商品(二)

（2）在如图 8-19 所示的页面的 Size、Color 下的文本框中增加商品尺寸、颜色。单击"Add variations"按钮创建变体主题的组合。

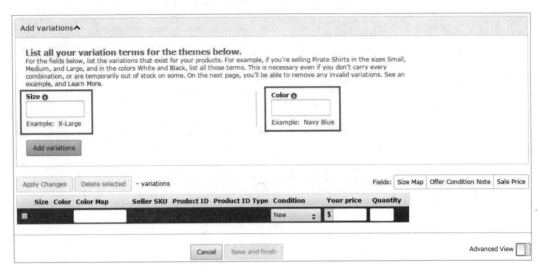

图 8-19　创建多属性商品（三）

（3）之后会出现不同的尺寸、颜色组合，在每个组合后面添加 Color Map、Seller SKU、Product ID、Product ID Type、Condition、Your price、Quantity，如图 8-20 所示。

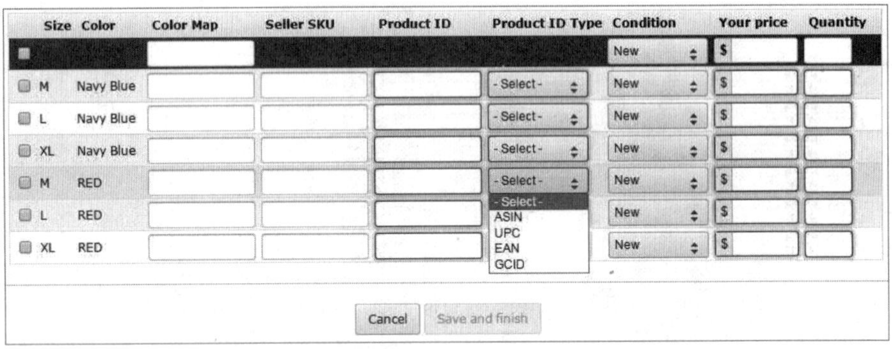

图 8-20　创建多属性商品（四）

（4）所有商品必填项信息都填好后单击"Save and finish"按钮保存商品。

多属性商品创建成功后该商品左侧有一个加号，单击加号可以展开并查看该商品下的其他子商品。

3．销售亚马逊平台已有商品

亚马逊允许卖家销售已经在亚马逊平台创建好了的商品，卖家必须确认商品的所有信息完全一致才能销售该商品，包括商品条码（UPC）、品牌、厂商、包装及商品各种参数，都必须完全一致，并且卖家必须有该品牌拥有者的授权经销许可。在亚马逊平台销售已有商品的步骤如下。

(1) 在"List a new product"页面搜索框中输入要销售商品的标题或者 UPC 等,单击"Search"按钮(如图 8-21 所示)。搜索出商品以后,确认该商品的 UPC 与想要销售的商品外包装上的 UPC 完全一致后,单击"Sell yours"按钮(如图 8-22 所示),进行添加。

图 8-21　销售亚马逊平台已有商品(一)

图 8-22　销售亚马逊平台已有商品(二)

(2) 填写商品必要信息。在商品信息录入页面只需在"Quantity""Condition""Your price"后的文本框或选项卡中填写或选择对应的内容,最后再单击"Save and finish"按钮,如图 8-23 所示。

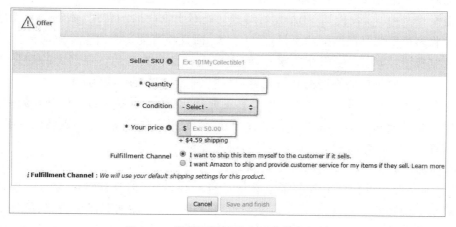

图 8-23　销售亚马逊平台已有商品(三)

第三步：亚马逊开店费用

1. 开店基础费用

（1）注册账号费用

在亚马逊平台注册账号是免费的。选择全球开店的注册方式有两种：招商经理通道和自注册通道。无论哪种方式注册账号，都不需要支付费用。目前来说，更多人偏向于选择使用招商经理通道注册。

（2）月租费用和销售佣金

亚马逊全球开店有专业卖家和个人卖家，这二者是亚马逊的两大账户类型，可根据个人或公司情况进行选择。

它们的收费标准是不一样的：

① 专业卖家：费用＝销售佣金＋月租金。

② 个人卖家：费用＝销售佣金＋单件销售费用。

2. 运营基础费用

（1）每点击成本

每点击成本（Cost Per Click，CPC）是由第二名的出价、第一名与第二名之间差价的百分比、卖家的表现三者综合得出的。

在一定范围内，出价越高，商品排在前面的可能性越大，但是也有一个限度。竞价只是次要因素。一般的购物平台，都会将消费者需要的商品优先展示出来。花钱购买的流量是排在次位的。

（2）亚马逊仓储派送费用

亚马逊仓储派送（Fulfillment by Amazon，FBA）费用是头程费用、物流配送费用、月仓储费用、库存配置服务费之和。

下面对物流配送费用、月仓储费用和库存配置服务费进行简单介绍。

物流配送费用：卖家使用FBA发货时亚马逊对卖家收取的费用，该费用一般是按件收取。每件收多少费用又跟商品的重量、尺寸有关，而且物流配送费用会经常调整。

月仓储费用：卖家若使用仓储服务，则需要支付月仓储费用。亚马逊的月仓储费用根据商品尺寸和存放月份的不同而有所差异，具体以平台发布的信息为准。

库存配置服务费：即合仓费用。当卖家发货时，亚马逊会将商品随机分仓到多个仓库。亚马逊默认是分仓的。卖家如果没有设置合仓，就不用支付这笔费用；如果设置了合仓，亚马逊将按件收费，具体费用取决于选择的目的地数量。

（3）商标注册和品牌备案费用

目前，亚马逊并没有强制要求卖家必须进行品牌备案，但品牌备案对卖家具有保护作用。如果卖家经济状况允许，在店铺起步时就可以进行商标注册和品牌备案；但如果卖家经济状况不允许，可以在后期，即店铺做起来后再考虑。卖家可以找代理公司代办，代理公司还可以帮助卖家申请到补贴福利。商标具有地域性保护性质，美国的商标只在美国受保护，欧盟的商标只在欧盟受保护。

苏州某信息科技有限公司在亚马逊上开设的店铺页面如图8-24所示。

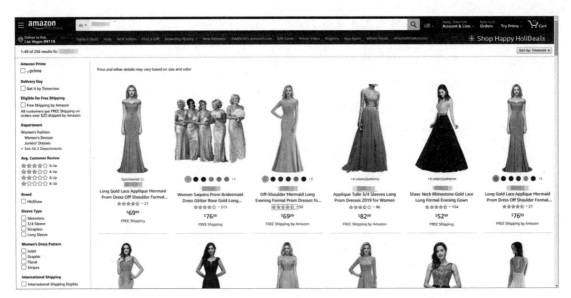

图 8-24 苏州某信息科技有限公司在亚马逊开设的店铺页面

相关知识

一、亚马逊平台规则

（一）卖家注册规则

身份验证是卖家在亚马逊开店时必须进行的一个步骤。目前，亚马逊北美站点将卖家"身份验证"从账户注册完成后，提前到账户注册流程中。

1. 公司卖家注册所需材料

（1）身份证

① 身份证上的姓名必须与营业执照上法定代表人的姓名一致。

② 须提供身份证正反两面的彩色照片/扫描件，不接受黑白复印件。

③ 身份证图片必须完整、清晰、可读。

④ 身份证应在有效期内。

（2）营业执照

需提供营业执照的彩色照片/扫描件，不接受黑白复印件，图片必须完整、清晰、可读。

2. 个人卖家注册所需材料

（1）身份证

① 提供身份证正反两面的彩色照片/扫描件，不接受黑白复印件。

② 身份证图片必须完整、清晰、可读。

③ 身份证应在有效期内。

④ 身份证件上的姓名应与亚马逊账户上的姓名完全匹配。

（2）信用卡对账单、银行对账单或费用账单

① 账单上的姓名必须和身份证上的姓名一致。

② 信用卡对账单或银行对账单必须为银行出具的,账单必须是在过去 90 天内发出的。

③ 费用账单必须是公共事业单位出具的水费、电费或燃气账单,账单必须是在过去 90 天内发出的。

④ 图片必须清晰、可读。

⑤ 可以隐藏货币金额,但文档必须保持完整并且其他信息清晰可见。

⑥ 平台不接受屏幕截图。

⑦ 如果有多个副本,可以将它们合并到一个文件中进行上传。

3. 其他注意事项

① 中国香港卖家在公司所在国家/地区选择"香港"(此信息提交后便无法更改,选择错误可能导致验证失败)。

② 公司卖家(拥有营业执照的卖家)务必选择"我是公司卖家"(此信息提交后便无法更改,选择错误可能导致验证失败)。

③ 卖家输入的信息(如法人姓名、身份证号)务必与提交的文件中的信息相符。

④ 多页文件(如身份证正反两面)需合并到一个文件中进行上传。

⑤ 扫描件或照片必须保证所有信息清晰、可读。

⑥ 平台不接受屏幕截图。

⑦ 平台不接受黑白复印件。

(二) 商品发布基本规则

影响商品质量的违规行为可大致分为严重不符违规行为和知识产权违规行为。

1. 严重不符违规行为

卖家应保证发布和配送的商品符合亚马逊政策,严重不符违规行为如下。

(1) 配送已残损、存在缺陷的商品或商品缺少详情页中显示的零件。

(2) 发布的商品分类错误、描述错误。

(3) 在畅销商品的详情页中发布其他商品进行销售,且商品与该页面上的描述不完全一致。

亚马逊最终确定商品是否属于严重不符的情况。如果卖家出售严重不符的商品,则为买家退款或换货。如果卖家拒不退款或换货,则买家能够通过亚马逊商城交易保障索赔获得退款。

2. 知识产权违规行为

卖家应确保提供的商品合法且已获得授权,可进行销售或转售,并且这些商品没有侵犯他人的知识产权,例如,版权、专利权、商标权等。常见的知识产权违规行为如下。

(1) 在未经商标所有者授权的情况下,出售与热门商标商品相同的商品(也称为"假冒伪劣")。

(2) 在未经版权所有者授权的情况下,在自己商品的包装上使用其他方的版权内容。

如果卖家发布的内容侵犯了他人的知识产权,那么亚马逊可能会取消该商品,甚至取消该卖家的销售权限。

3. 强制实施相关规定的情况

在特定情况下,亚马逊会对平台上的商品强制实施相关规定。

(1)权利所有者投诉:权利所有者通知亚马逊,卖家涉嫌侵犯其知识产权,亚马逊会对有知识产权违规行为的卖家采取措施。

(2)假冒伪劣商品投诉:亚马逊收到假冒伪劣商品投诉时,会对发布假冒伪劣商品的卖家采取措施。

(3)严重不符投诉:买家如果发现商品与详情页上的描述不同,则可以投诉。亚马逊收到严重不符投诉且经判定确属于严重不符情形时,会对有严重不符违规行为的卖家采取措施。

(4)对某些品牌、亚马逊标识码或分类的商品采取发布限制。对于这些商品,卖家需要获得批准才能发布。

(5)根据违规行为的严重程度,亚马逊可能会对卖家采取下列措施:取消商品、限制发布权限、暂停发布权限、取消或冻结发布权限。

(三)平台佣金规则

1. 月租金

这项费用仅针对专业卖家,个人卖家无须支付。专业卖家在亚马逊多数热门站点(如北美、欧洲)的月租金统一为39.99美元,覆盖基本运营服务。即使开通多个此类站点,也仅需支付这一统一费用。特殊站点(如日本站)可能设有不同费用,但新卖家通过招商经理通道注册并开通多站点时,可能仍享受统一的39.99美元的月租金优惠。亚马逊平台可能会根据市场情况和政策变化对月租费用进行调整。因此,卖家需要密切关注亚马逊的最新通知和政策变化。

2. 单件销售费用

这项费用仅针对个人卖家,专业卖家无须支付。每销售一件商品(无论金额多少),卖家需要支付亚马逊平台销售费用0.99美元。

3. 销售佣金

这项费用适用于所有类型的卖家。不同品类商品的销售佣金百分比和按件最低销售佣金都有不同的规定,详细费用如表8-2和表8-3所示。销售佣金将收取以下两者中的较高者:(1)单价×销售佣金;(2)按件最低销售佣金。

举例:一件母婴商品的单价为5美元,其销售佣金百分比为15%,其按件最低销售佣金为1美元。由于5美元×15%=0.75美元,且0.75美元<1美元,所以此件母婴商品的销售佣金为1美元。

表8-2 销售佣金(一)

类别	销售佣金百分比	按件最低销售佣金
设备配件	45%	1美元
母婴(婴儿服饰除外)、家具和装饰、家居和园艺用品(包括宠物用品)、厨具、乐器、办公用品、户外用品、体育用品(体育收藏品除外)、工具(但基础设备电动工具为12%)、玩具	15%	1美元

续表

类别	销售佣金百分比	按件最低销售佣金
相机和手机设备、电视/音响	8%	1美元
个人电脑	6%	1美元
电子商品配件	总售价中100美元以内的部分扣15%，总售价中高于100美元的部分扣8%	1美元
大型家电	总售价中300美元以内的部分扣15%，总售价中高于300美元的部分扣8%	1美元

注：销售佣金实时调整，最终以亚马逊平台费用表为标准。

表8-3 销售佣金（二）

需要批准的类别	销售佣金百分比	按件最低销售佣金
礼品卡、珠宝首饰	20%	礼品卡0美元；珠宝首饰2美元
美妆、服装和配饰、收藏类图书、食品、个护健康（含个护用品）、箱包和旅行用品、鞋靴、钟表	15%	收藏类图书与食品0美元；钟表2美元；其他1美元
3D打印商品、汽车和户外动力设备、工业和科学（含食品服务和清洁与卫生）	12%	3D打印商品0美元；其他1美元

注：销售佣金实时调整，最终以亚马逊平台费用表为标准。

综上所述，在亚马逊开店，所有类型的卖家都必须支付销售佣金；又根据类型不同，专业卖家还需要月租金，个人卖家还需要支付单件销售费用。

（四）亚马逊商品审核规则

亚马逊采用分类审核的方法来提高服务质量，确保买家有较好的购物体验。亚马逊对于某些类目的商品，只允许遵守规则的卖家和有一定实力的大卖家（通过分类审核）出售。这是出于对商品的质量、品牌及进出口限制等原因的考虑。

1．亚马逊分类审核的要求

（1）店铺的类型必须是专业卖家，分类审核不支持个人卖家。升级为专业卖家的方法：卖家可以通过Setting-Account info把销售计划更改为专业销售计划，通过平台审核后，店铺升级为专业卖家。

（2）订单缺失率应小于1%，如果大于1%的话需要等其恢复到小于1%才能进行分类审核。所以建议经营一段时间，把店铺的订单缺失率先降下来再进行分类审核。

（3）发货前订单取消率<2.5%。

（4）延迟发货率<4%。

（5）符合亚马逊要求的商品图片5张。

（6）对于有些类目的分类审核，亚马逊可能会要求提供发票、收据、检测证书等。

2．一般分类审核需要准备的材料

（1）5张图片。图片建议使用JPG格式，必须为纯白的背景，商品应占图片的85%以上，图片不带边框、水印等，不能是电子合成的图纸，不能出现与商品无关的其他配件。

(2)收据、装箱单、发票(专业的增值税发票或普通增值税发票),要求必须是90天内的有效单据,要包含供应商和进货商的地址及联系方式。

(3)经过授权的正规UPC码。

(4)相关证书。例如电子类的CE认证证书,珠宝类的镍含量证明。

(5)企业网站,必须是一级域名的企业网站。

(6)500美元的保证金。精品珠宝(Fine Jewelry)类目需要保证金,保证金不予退还。

(7)寄送样品。销售精品珠宝类目的卖家需要给亚马逊的审核团队寄送样品进行检验。

(8)商品批量表。图片、描述、标题等都需要符合亚马逊的要求,并要求至少有一款多属性商品。

(五)亚马逊商品搜索排名规则

亚马逊有搜索排名和类目排名,排名靠前的一般都是亚马逊自营的店铺和选择亚马逊物流配送的店铺。亚马逊一直注重买家的物流体验,而且一直鼓励第三方卖家使用亚马逊物流,所以亚马逊在搜索排名中会优先支持使用亚马逊物流的店铺。

1. 几大关键指标

(1)销量:销量越高,排名越靠前。

(2)好评率:亚马逊注重商品的口碑,而且有自己的星级评价体系。

(3)绩效:包括买家反馈、退款率、订单缺陷率等。

(4)类目相关性:直接影响类目排名,亚马逊每个商品类目下都有很多属性,卖家在新商品上架时,应选对商品属性,如材质等;在亚马逊上传商品时可以设置节点(商品的细分类目),所以选好商品所在分类节点很重要。

(5)搜索关键词:要充分利用商品的搜索关键词、款式关键词、材质关键词等,这个对搜索排名很有帮助。卖家可以通过亚马逊的关键词工具,获取更多搜索指数高的关键词。

2. 与排名相关的两套评价体系

(1)买家反馈:呈现在卖家后台,买家只有在购买某店铺商品后,才能对该店铺进行反馈评级。买家反馈对于整个店铺至关重要,直接影响整个店铺的搜索排名。

(2)商品评论:呈现在商品详情页的评论栏目,与人气排名有关,亚马逊会抓取商品评论。商品的评论越多,评论质量越好越有利于商品的搜索排名。

二、亚马逊经营模式

(一)盈利模式

亚马逊的盈利模式主要是平台佣金模式和广告费模式。

1. 佣金模式

佣金是亚马逊核心的盈利方式,包括月租金、单件销售费用和销售佣金等,卖家类型不同,收取佣金的方式不同,同时每个品类的佣金比例也不同。

2. 广告费模式

亚马逊的广告组合非常多,如类目广告、自动广告、手动广泛广告、手动词组广告、手动精准广告、品牌广告、视频广告等。

（二）运营模式

1. 亚马逊商业模式

亚马逊商业模式包括自营体系和开放体系两大块。亚马逊对开放体系的卖家，在商品宣传上管理得比较严格，其商品描述一般只支持文字。

2. 亚马逊经营模式

亚马逊经营模式是企业对个人的模式，除了入驻的第三方卖家外，平台有相当一部分商品是自营的。所以，亚马逊像一个大型的超市，超市有些柜台包给了第三方卖家，有些柜台自己用。

（三）物流模式

亚马逊有两种物流模式：FBA、卖家负责物流（Fulfilment by Merchant, FBM）。

1. FBA

FBA 是指卖家将在亚马逊上销售的商品库存直接送到亚马逊当地市场的仓库中，客户下订单，就由亚马逊系统自动完成后续的发货。

亚马逊 2007 年引入了 FBA 服务，亚马逊将自身平台开放给第三方卖家，将其库存纳入到亚马逊全球的物流网络，为其提供拣货、包装及终端配送的服务，亚马逊则收取服务费用。

FBA 的优点：

（1）如果能合理计算动销率，使用 FBA 可以节省运费。

（2）平台对使用 FBA 的卖家有一定的流量倾斜。

（3）有较好的买家购物体验，这能帮助卖家在后期获得更好的评价。

2. FBM

FBM 是指由卖家自行发货，亚马逊仅作为销售平台，卖家需借助如邮政小包、国际快递等第三方快递服务进行邮寄。卖家可以按照亚马逊后台的各项要求，填写相关的信息。

训练项目

1. 进入亚马逊网站，详细了解亚马逊开店规则，进入亚马逊学习中心频道学习开店、店铺装修、上传产品、店铺推广、引流、提高转化率的技巧。

2. 分析亚马逊的优势、劣势、运营特点、主要客户群及其与全球速卖通的区别。

项目小结

本项目分别介绍了敦煌网、亚马逊两个典型的跨境电商平台的平台规则、平台注册开店流程及平台的经营模式。通过本项目的学习可以对这两个平台的入驻要求、开店流程、开店费用、商品上传流程、店铺推广、物流方式、支付方式等有基本的了解，为在平台上开店做好知识储备。

参 考 文 献

[1]《中国跨境电商发展年鉴》编委会.中国跨境电商发展年鉴:2022[M].北京:中国海关出版社,2023.
[2] 龙朝晖.跨境电商选品管理[M].北京:中国人民大学出版社,2023.
[3] 冯晓鹏.跨境电商大监管:底层逻辑、合规运营与案例评析[M].北京:中国海关出版社,2022.
[4] 余以胜,吕星海,杨泽乾.跨境电商实务:速卖通运营与实操[M].北京:人民邮电出版社,2022.
[5] 罗俊.跨境客户关系管理[M].2版.北京:电子工业出版社,2022.
[6] 史浩,戴小红.跨境电商支付:含活页练习册[M].北京:中国人民大学出版社,2022.
[7] 闫寒,乔哲.跨境电商美工实务[M].2版.北京:中国人民大学出版社,2022.
[8] 龙朝晖.跨境电商营销实务[M].2版.北京:中国人民大学出版社,2022.
[9] 柯可,宋振华.跨境电子商务实用英语[M].北京:电子工业出版社,2021.
[10] 廖润东,肖旭,张枝军.跨境电商B2C数据运营:中级[M].北京:电子工业出版社,2021.
[11] 苏朝晖.电商客户关系管理[M].北京:人民邮电出版社,2021.
[12] "跨境电商B2B数据运营"1+X职业技能等级证书配套教材编委会.海外客户开发与管理[M].北京:电子工业出版社,2021.
[13] 邹益民,旷彦昌.跨境电商数据运营与管理:微课版[M].北京:人民邮电出版社,2021.
[14] 邹益民,隋东旭,朱新英.跨境电子商务支付与结算[M].北京:清华大学出版社,2021.
[15] 陈旭华,蔡吉祥,陈俏丽.跨境电商物流理论与实务[M].杭州:浙江大学出版社,2020.
[16] 王琦峰,李肖钢,费阳.跨供应链整合视角下跨境电商公共海外仓运作模式与绩效评价研究[M].杭州:浙江大学出版社,2021.
[17] 陈璇.跨境电子商务网络营销[M].北京:电子工业出版社,2021.
[18] 吕友臣.跨境电商法律实务一本通[M].深圳:海天出版社,2020.
[19] 孟迪云.跨境电商产品开发[M].北京:电子工业出版社,2020.
[20] 易传识网络科技,丁晖.跨境电商多平台运营:实战基础[M].北京:电子工业出版社,2020.
[21] 韩玲冰,胡一波.跨境电商物流[M].北京:人民邮电出版社,2018.
[22] 宋晶,刘轶华,吴泽恩.跨境电子商务实务[M].北京:电子工业出版社,2020.
[23] 孙韬,胡丕辉.跨境物流及海外仓:市场、运营与科技[M].北京:电子工业出版社,2020.